新・誰がこの子を受けとめるのか

虐待された子らからのメッセージ

児童養護施設
「光の子どもの家」
名誉理事長／創設者
菅原　哲男

卒園生／職員
奥寺　美鈴

いのちのことば社

推薦の言葉　子ども丸ごと受け入れて

ドキュメンタリー映画『隣る人』企画　稲塚由美子

「光の子どもの家」は、懐かしいおうちです。

児童養護施設「光の子どもの家」の暮らしを描いたドキュメンタリー映画『隣る人』（二〇一一年）の企画として、光の子どもの家の設立者・菅原さんをはじめ職員の方々、子どもたちと顔を合わせるようになった時からずっと、そう思っています。

映画『隣る人』は、子どもを育む本来の意味での「家庭」での子育てを旨としており、「どんなあなたも大好き」と伝える保育士さんはじめ、理想どおりにはいかなくても、ただ子どもの周りをうろうろし、悩みながらも決してあきらめず、寄り添い続けるさまざまな大人たちが登場します。

甘えたり悪態をついたり、全身でぶつかってくる子どもたちと真剣に向き合い、葛藤する大人。そこに映し出される関係性は、叱ったりはするけど、ありのままを受け入れる、その子が「いる」ことをまず最初に認めているということでした。

本書は、映画が切り取った、ある意味「光の子どもの家」の本質を、さらに正直に、深く、魂の慟哭《どうこく》としてさらけ出しています。「悩ましいよなぁ……」それが菅原さんの口ぐせです。子どもとの暮らしの中で、「これがよかった」と結論づけられるやり方などありはしないと宣言されているかのような厳しい現実がある。それでも、日々起こる簡単ではない事への対処への失敗、何より、その際の子どもたちの言葉・表情から学ぶのだ、というその心根を原点とし、永遠とも思えるほどに悩み続けています。

そして共にある職員たち、たとえば本書の「おわりに」に原稿を寄せている勤続三十四年の倉澤さんもまた、現場で「居続ける」を、心身ともに傷だらけになりながら続けてきました。「子どものための」という原点は、彼女の言葉では「押しつけるでなく」となるでしょうか。

さて、人を育む「揺りかご」として、おうち、家庭、家族が最適であることは異論のないところでしょうが、では、その中身とは何なのでしょうか。

世の中の眼差しは、いまだ血縁でつながる両親がいて子どもがいる家庭をモデルとし、それが「普通で幸せなのだ」という幻想に満ちています。現実には、形としての家庭も、ひとり親家庭もあれば、同性同士の親家庭もあり得るし、家庭の中身も様変わりしているのに。

少子高齢化、格差社会などの社会構造の変化、たとえば「経済的な効率主義」に心身ともに追い立てられ、それが人々の心に内面化され、早く結果を出せ、うろうろする時間などあるものか、早く早く、と人々を追い立てる。効率がすべての価値観に知らず毒されると、失敗を許さず、人を管理する。「何やってる」「これが一番いい方法に決まっているでしょ」「バカじゃないの」……こうして家庭という閉鎖空間の中、特に大人と子どもの関係ではすぐ起こってしまう上から目線の支配が始まる。これは、その子が「いる」ことから始まる子育てとは真逆です。密室の中で起こるＤＶや虐待は、「普通」といわれる家庭の中で多く起こっているのが現実です。

子どもに安心安全を担保するはずの家庭から離れざるを得なくなった子どもたちの怒りあるいは、傷が、壮絶な形で現れるのは当然でした。「こんな所、来たくなかった」「こんなとこ出てってやる」多くの卒園生が、こう思っていたのだと後に告白しています。それなのに、「光の子どもの家」には、卒園生が実家のように帰ってきます。今では、職員の五人に一人が卒園生です。社会に出て、また戻って来て正規職員として働いています。本書では、卒園生／職員の美鈴さんの、真正直で心打たれる手記が載っています。

人は誰か一人でも心を寄せる、心配する、ただ周りをうろうろする、そんな「隣る人」がいるだけで、生きていける。もしかしたら「ヒト」が「人」になる現場とはそんなところなのかもしれない。それは血縁があるなしにかかわらず、誰であってもいいのかもしれない。そうしたら、子どもたちが、人を信じ、「助けて」と言える人になれることに大いに寄与するのだと、美鈴さんは伝えています。そして、彼女がこう思うようになったのは、卒園して十年ほどの時を経てだというのです。

ぐちゃぐちゃした暮らしを共にして、泣いて笑って怒って喜ぶ。その繰り返しこそが人を育む。外に向かって立派に見せることなど微塵も考えず、正義と正論を振りかざすでもなく、子どもへの大いなる共感と振り返りを忘れない。そうやって、決してあきらめず心配し続けてくれた人のいる「光の子どもの家」での暮らしの記憶が、彼女を生かしたのでした。本書は、「隣る人」実践の書と呼ぶに値します。

はじめに――虐待を受けた子らとともに

二〇一九年、全国の児童相談所で処理された児童虐待件数は、一五万九、八五〇件という。「光の子どもの家」に入所してくる子どもたちも、虐待を受けて命からがら逃げ込んでくるケースがほとんどとなった。現在、三十五人の子どもが暮らしているが、ほぼ全員が虐待を受けた経験を持つ。

大人たちの間に何らかの事情が発生して、別々に暮らすことを決断した。すると、子どもを連れて暮らせないことが多く、親たちの年齢が若ければ若いほど、どちらも子どもを引き取りたくないケースが多くなってきているようだ。

このような場合、登場するのが児童相談所である。知事などの「措置権」という、子どもたちにとっては途方もないほどの強権が発動されて、子どもたちの児童養護施設の利用が始まる。

児童養護施設で、見も知らない赤の他人である子どもたちや大人たちなどといっしょに暮らすことを決意したのは子ども本人ではない。いっしょに暮らすことも、家族と別れることを決意したのも、大人である親たちなのだ。それなのに、子どもが施設に入れられる。だからか、児童養護施設の多くの子どもたちは爆発しそうなほどの怒りを抱えている。

また、この約二十年ほどは、いわゆる虐待以外の理由で、光の子どもの家に来る子どもはいなくなった。以前は、親子関係の調整がうまくいかず、入所せざるを得なくなったときでも、最初の夜は親に添い寝をしてもらっていた。翌朝、子どもの寝顔を見て、親はポロポロと泣きながら、「よろしくお願いします」と逃げるように帰って行った。けれども今は、親子を強制的に隔離せざるを得ない場合が多い。

入所時には、児童相談所の職員は、まず子どもを連れて来て、それからとんぼ返りして親といっしょに来る。同じ車に乗せると、子どもに何をするかわからないからだ。

虐待を認めない親と児童相談所でトラブルが生じ、家庭裁判所の判断を求めている最中に、児童相談所が子どもを光の子どもの家に連れて来る。係争中で、親に居場所を明かせないという子どもたちが、このところ増えている。

なぜ、こうも変わってしまったのだろうか。

虐待の当事者の約六割が実の母親であり、もっとも多い理由が「泣きやまなかったから」である。だが、二歳未満の子どもが泣く以外の表現方法を持っているだろうか。「子どもは泣いて育つもの」という素朴な寛容さが生活から失われる一方で、世の中を覆う「自分のやりたいことを最優先で追い求めるのは善だ」という考え方が、家庭の中にまで浸透している。

しかし私は、虐待する親はダメな親、とは思っていない。なぜなら、子育て中に子どもに怒りを感じない親はいないからだ。たしかに、虐待は子育ての失敗である。けれども、失敗を経験した人には味がある。一見、ひどい親に見えても、子どもを虐待したことを後悔しない親はいない。失敗して、後悔して、そこからどうしていくか。私たちは、親といっしょにそのことを考える仲間となりたい。そして、親に対してもさまざまな働きかけを行い、可能なかぎり、親子が再びいっしょに暮らせるようになることを目指している。

失敗して取り返しのつかない結果を生むことも、もちろん、まれにある。しかし、大半はその後の関わりで回復することができる。それよりも大切なことは、「親も子も失敗しながら成長していくものだ」という事実だ。

＊

本書は、今から十五年以上前に出版した『誰がこの子を受けとめるのか――光の子どもの家の記録』（言叢社）に加筆し、改訂したものである。当時、光の子どもの家ができてから十九年だった。今読み返してみても、この時期のことが一番臨場感があるように感じている。

「光の子どもの家」は一九八五年の設立当初から、ほんとうの意味で、「子どものための施設」にしたいとの願いをもち、多くの児童養護施設で採用されている三交代勤務という形態をとらずに、可能なかぎりふつうのサイズに近い家庭的な環境と、担当者一名につき五名以内の子どもを配置する「責任担当制」という形をとっている。

現在、光の子どもの家では三十五人の子どもたちが八つの「家族」をつくり、それぞれを「〇〇家」と呼び、二家族ごとに一つの居住棟で暮らしている。

各家族では、一人の保育士が二～五人の子どもの親として、養育の中心となる。朝五時半に朝食の準備を始め、子どもたちを学校に送り出し、帰って来るのを迎え、時にはギュッと抱きしめ、時には叱る。夜は子どもたちを寝かしつける。一般の家庭で体験することは、ここの子どもたちも体験できる。それを目標に、これまでやってきた。

ここに来るのは、生まれてきたことを喜ばれなかったり、期待をかけられることがとても少なかったりした子どもたちばかりである。素直で豊かな情緒が養われていることはまれである。

子どもは、「この人は私を特別な存在として大切にしてくれる」と思える人がつねに隣にいないと、「自分は生きるのに値する」という自尊心や、他者を思いやる心を育むことができない。親の人格を三交代の職員で分担することはできない。

光の子どもの家の職員の平均勤続年数は、十五年を越えている。担当する子が高校卒業後、米国に留学したいと言ったとき、老後のための貯金を取り崩して費用を出した保育士もいた。「親ならば当然することをしただけ」と話していた。

「血は水よりも濃い」と言う。しかし、「血よりも濃い水」を私たちは目指している。

目次

I　私が出会った子どもたち

かけがえのない一人

「光の子どもの家」に来た子どもたちは、何らかの意味でみな心に傷をもっている。何があってもなくても、疑いようもなく自分を根底から支え、守ってくれるはずの家庭から離され、本来ならあふれるような愛を基盤とした関係であるはずの家族関係の崩壊に巻き込まれた子どもたち。

そのうえ、そこから切り離されて、「施設」という場所で関係のない人々と暮らさなければならないことは、幼く、年若い子どもたちにとって、そのもっとも柔らかな時期の心に手ひどい深傷を負わせることにほかならない。

「キズ」は、「傷」だけでなく「創」という漢字もある。そもそも体や心にもキズのない子どもなど存在するのだろうか。そのキズを癒やし、キズなどなかった以前の体よりも、創という訓練を超えた後のたくましさにまで到達させる介抱と濃密な関わりこそを心すべきだろう、と思う。

傷を負った者

大賀誠は五歳のときに、兄と共に光の子どもの家に入所してきた。

はじめのころは些細なことで兄弟ゲンカをし、「死んでしまえ！」「ぶっ殺してやる！」など、それ以外の表現方法を知らないような乱暴きわまる言動が、彼らの生活を支配していた。

些細な注意でも〝怒られた〟と受けとめるので、強い表現は避け、注意するときなども優しい言葉でのやりとりを心がけ、普通の人間らしい生活の再体験によってあたり前の生活感覚や情緒を養うことを目指してきた。

祖母や叔母などが「別の子どもになったようだ」と、来訪や帰省、あるいは訪問時などに必ず感謝したのはこの時期からである。

誠は細身で神経質だが、無口でおとなしかった。入所したのが幼児期だったこともあり、担当の保育士に抱っこや添い寝などのスキンシップを求め、仕事が休みで出かける保育士の後追いをするなど、普通の子どもらしさを比較的早く獲得した。

小学校の担任は、「授業中はぼーっとしている。やればできるし、理解力は十分ある。友だちにちょっかいを出したりすることがあって、トラブルになると収まりがつかない」と言っていた。

小学校高学年には、クラスメイトなどとのケンカが激しいものになり、容赦しない残酷さを見せた。ある子どもが誤って誠の顔に泥を跳ね上げてしまったときには、怒りのあまり無抵抗の相手を殴る蹴るをし、しまいには担当保育士のところに走り逃げ帰ったこともある。

誠とその兄の特徴である爆発する状態には、タイムアウト（離れてひとりに）して落ち着くまで待ち、落ち着いたら受け入れて、いっしょに静かに振り返るようにとの、児童精神科医の菅野圭樹先生の助言を得て対応した。爆発したときの誠は、大きなドアをカッターナイフで切り刻んだり、庭の垣根を抜き壊したりしてしまうことがあった。中学生になり、神経質な表情と乱暴な言動がつのり、ストレスから舌なめ症（鼻の下や唇の下などが爛《ただ》れるまでなめる）などが頻発した。

特にこの兄弟には、激しい言葉や殴るなどの暴力的な対応を絶対にしてはいけないことを確認して関わっていたが、誠が中学二年生のとき、新しい指導員から殴られる事件が起こってしまった。

祖母宅に帰らせて叔父叔母などの協力を求めて関わったが、誠の特徴でもある、内省したり謝ったりできない状態は変わることがなかった。中学三年の夏には、誠は壁や襖、障子などに無数の穴をあけて部屋に引きこもるようになった。そして、誠のほうから精神科の診察を希望した。診断結果は、境界性人格障害だった。

それから祖母や叔父叔母と話し合い、祖母のもとに引き取って、しばらく学校を休ませるということで、三年生の半ばで家庭引き取りとなった。

その後、蠅《はえ》がうるさい、飯が冷たいなどと些細なことで祖母に文句を言い、祖母宅の壁を打ち破ってしまうことなどがあったが、駆けつけて来た叔父叔母の協力も得ながら対応した。

受験時には小康を得て、無事に高校に入学した。高校一年生の夏には、光の子どもの家に来訪し、成績表を見せてくれた。レベルの高い学校ではないが、誠はクラスで上位の成績だった。心の傷が癒え、思春期の嵐を乗り越えたようには思えないが、その方向で成長してほしいと心から願っている。

心に傷を負った者には乱暴な対応ではなく、優しく受け入れて愛することなど情緒的な対応や、期待して励ますこと、あるいは傷が癒えるまで時間をかけて待つことが基本だろうと考えてきた。

それは、抱けば皮膚が破れ、血が流れる、刺だらけの子どもたちを、どれだけ力を込めて抱き続けることができるかどうかなのであろう。誰とも取りかえることができない、かけがえのない愛する家族の一人として——。

偏愛のすすめ

子ども時代のなくてはならない生きる拠り所である家庭や、かけがえのない家族関係を一瞬にして失った者たちの物質的、精神的あるいは心理的な問題は、自然災害が起こるたびに大きくクローズアップされた。

基本的な生活基盤の破壊は、子どもたちの心や精神に強烈な衝撃を与え、不安や恐怖のるつぼに叩き込む。あらゆる意味での意欲、食欲までも喪失させ、不眠やうつ病に近い症状になる。この状況はそのまま、児童養護施設で生活しなければならない子どもたちの状況に重なる。

何よりも衣食住、生命身体の安全の保障を最優先する。そして、子どもたちの失った家庭に代わる生活と、家族に代わる関係をつくることこそが、児童養護施設の第一義的な社会的使命である。

児童養護施設には「○○学園」という名称が多くあり、教育機関と間違われることもある。そこの職員たちの多くは「××先生」と呼ばれてもいる。衣食が足りた後の教育は、「等しく」子どもたちに関わり、一定の知識や技能を「均《ひと》しく」教えなければならない。

児童養護施設での関わりは、子どもたちを等しく愛し、偏らないようにしなければならない。みんなと同じようにという、い、い、い、ある種、強迫神経症的なほどに「均しく、あるいは等しく」関わろうとしているのではないだろうか。

児童養護施設の働きは、家庭に似せて環境を整え、親子のような関係にかぎりなく近づかなければならないのである。

ふつう、親は自分の子どもを、よその子どもと均しく愛するだろうか。決してそうではない。自分の子どもだけが可愛く、自分の子どものより良い成長のためだけに全力を注ぐのではないだろうか。そのような親の偏愛の中で、私たちは保護され、育てられてきた。児童養護施設が見習うべきなのは、決して学校の教師たちのような均しさではなく、家族、とりわけ親子関係にある〝偏愛〟なのである。

光の子どもの家では担当者に、担当している子どもたちをできるかぎり、えこひいきして育てようと確認してきている。旅行などに行くと、私たちはお土産をみんなに買う。それはそれで子どもたちは嬉しいだろう。しかし、担当者はあの、時には頑迷で無条件なまでに偏愛してくれる母親に代わるのである。

自分の担当している子どもたちだけでいいのだ。たとえば、新しく担当になったときとか、新しく担当に加えられた子どもだけに心を込めてお土産を用意するなどが大切なのだ。そうされることによって、私たちが自分の親から与えられたような、〝みんなと同じではない。私だけが愛されている〟という経験をする。

担当している子どもたちみんなが、自分だけが愛されていると信じられる関わりがなければ養育は成り立たない。多くの児童養護施設には、たくさんの「みんなといっしょ」がある。これを極端に子どもたちは嫌う。みんなと同じに扱うことは、職員がする仕事には都合がいい。〝仕事だから〟そうしているだけだという印象を与える。愛されるとは、みんなと同じに扱われることではないのだ。

「仕事で子どもを愛せるか。」これは光の子どもの家の当初からの課題である。代償が最初から予定されている働きや関係を、私たちは「労働」と呼んできた。仕事なのである。「時給〇〇円」で恋人とデートするだろうか。もしそうなら、時給を払いさえすれば、誰でもその人とデートができることにならないか。労働するその他大勢といっしょの論理である。

同一労働と同一賃金などと言われるように、労働にかつてあった個別性は職人さんたちが細々とつないでいるが、その他の領域では全くそぎ落とされている。有償ボランティアなどという奇妙な賃労働が、福祉の領域を席巻しつつある状況をどう評価するのかという問題にも突き当たる。

親や家族が子育てに関わるときに、代替不能な個別的かつ継続的な養育環境が人格的にも保障されなければならない。賃労働とは違うはたらきが必須となるのである。どんな子どもも自分の家族には、個別的な思いを託《かこ》っているものだろう。この個別性をなんとしても保障して、そのはたらき手と、関わられる側の子どもとの特有の関わりを継続的に展開させるのである。これまでの伝統的な施設姓の排除である。

子どもは、愛しさえすればよく育つかどうかはわからないが、愛されなければ育つことはない。愛はすぐれて無償の行為である。養育にもっとも欠けてはならないエッセンスは、労働とは次元の違う無償の行為なのである。

演劇に浸かり込んだ老友の演技と感じさせない「演技」のような、仕事と感じさせないはたらき、関わりこそが養育に不可欠であり、専門家の〈仕事〉なのだ。

愛される

海野真智《うみのまち》は、母親が十六歳、父親が十八歳のときに生まれた。二人がいっしょに生活する前に妊娠が判明し、母方の実家に親子で同居していた。若い母は、祖父母というには若すぎるような自分の親に真智を預けっぱなしで遊び歩いていた。

真智の父親は建設現場で働いていて、夜となく昼となく仕事の都合や仲間とのつき合いなどで、家に帰ってくることが不規則だった。祖父母もまだ若く働き盛りで、孫をかわいがる年齢でも心の状態でもなく、時間的にも経済的にも余裕がなかった。

だから、真智はその誕生も喜ばれず、生まれてきて愛されるという経験もほとんどなく、放置されて間もなく乳児院に入所した。

＊

真智は、光の子どもの家にやって来てしばらくの間、ひとり遊びをしていることが多かったが、担当の保母に抱かれることを覚えてからは、「抱っこ、抱っこ」の連続で、あまりにも抱っこばかりなので、足が退化してしまうのではないかと危ぶむほどだった。

小学生になっても、みんなと遊びたいのだが自分が中心でないとだめで、ほかの子どもたちといっしょに遊べない。そのことに不満があるから、みんなの遊びの邪魔をわざとする。結果、仲間外れにされ、その者たちを罵《ののし》り、激しく攻撃する。そうやって、いじめられることも少なくなかった。

ある日の夕方、担当保育士が両手に夕食の材料を持って家に入ろうとしていた。そこへ真智がやって来て、「抱っこしてー」と言った。しかし、両手がふさがっている保育士は、「今はできないでしょう」と家に入って行った。すると真智は、大声で泣き出し、ひっくり返って叫んだ。

引き返してきた保育士は、「どうしてそんなにわからないの！　抱っこできる時とできない時があるんだよ」と怒りを含んで言ったが、真智はかまわず泣き続ける。とうとう、「そんなに聞き分けのない子どもとは、いっしょに食事ができません」と怒られる羽目になった。しばらくそんなやり取りがあって、ようやく落ち着いて家に入るまでに三十分はゆうにかかってしまった。

たいていの子どもは、生まれてから二～三歳ごろまでに、「かわいい！」「抱っこさせて」と求める大人たちに囲まれ、頬ずりされた経験を持つものだ。しかし、児童養護施設には、二歳を超えた子どもたちがやって来る。もう、抱っこしたいような時期を超えようとしていて、抱っこされ、授乳された経験さえもたないで乳児院からやって来るのである。

そんな子どもたちに児童養護施設では、「甘えること」や「抱かれること」から教えていかなければならない。

光の子どもの家では、学校から帰宅した時など、担当している子どもたちから抱っこの要求が出る前に、「かわいい！　抱っこさせて！」と、力いっぱい抱いてやることを勧めている。要求されてからの抱っこの数十倍の効果があるからだ。抱っこされてあたり前の年齢や身体の成長のうちに……。

愛されて育った子どもたちで、問題を起こす者もいるだろう。それはそれで、愛し方に偏りや歪みがなかったのかを見直す必要があると思う。

『犯罪白書　平成十年版』によると、少年院に収容された少年たちの聞き取り調査で、非行を思いとどまらせる最大の要因を、四〇パーセントを超える少年たちが「家族」と答え、「悪かったと思う対象」の大半が、彼らを愛したであろう「親」や「家族」だったのだから。非行や違反行為を思いとどまらせる「家族」や「親」がいないか、いても機能しない児童養護施設の子どもたちにとって、決定的なハンディキャップなのである。

愛され、抱っこされた経験のない子どもたちが、人を愛し、いつくしむようになることができるのだろうか。愛されれば、誰でもが人を愛することができるとは言えない。しかし、愛されない者が人を愛することは、さらに難しいことではないだろうか。

信じる

どんな事情があったとしても、幼い子どもが、家庭から引き離されて親や家族といっしょに暮らせないことを納得できるはずはない。泣きわめいて抵抗し、時には反社会的な行為をしてまで抗議をする。しかし、その抵抗も、抗議も、その表現さえも受け入れられることなく、もっとも望まなかった施設への入所という形で、彼らは光の子どもの家にやって来る。

＊

担当者の結婚などさまざまなことがあって、入野《いりの》隆《たかし》は五年生の二学期のとき、担当していた保育士が変わり、かつての担当だった竹花保育士のもとに帰った。
その年の九月、年間養護計画を見直して、担当となった竹花は決意をこう表現した。

「十歳前後というもっとも多感な時期に入所して一年半、落ちついた人間関係とその生活を経験できなかった兄妹に、それらを準備し、整えなければならなかったにもかかわらず、身近な存在になりつつあった〈担当者〉は大人の都合で変わっていった。『家』で、学校で、それぞれの場で、持っている本来の〈良いもの〉を十分発揮できるわけもない状況をつくってしまった。さまざまな意味で困難を乗り越えられる自信をもってほしい。この願いを実現するためには、安心して自己を表現できる人間関係を結べることが前提となる。『失敗』や『回り道』もあるだろう。最低限の課題を克服していくことができるよう援助していく。学童として、リーダーとして課題と期待が増え続けた。あるときは口を閉ざし、あるときはやるべきことを『やらない』ことで表現した。そんな日常から抜け出すことを目指す。」

九月、隆は学校では「やらないこと」の表現の毎日が続いていた。竹花は教師と連絡を取った。担任教師は、「ほめようとはしているのですが、なかなか……」と言い、隆は提出物を出さない、算数の問題をやろうとさえしない、窓ガラスを割っても謝ろうともしない、など学校での生活を知らされた。

これを、担当者が変わったことの影響だととらえ、多少の〈赤ちゃん返り〉を認め、よりかかっても大丈夫な人間関係をつくるという出発点に戻って取り組むことを会議で確認し、教師にも協力をお願いした。

隆の日常的な暮らしや学校での生活では、約束についての意識が薄く、それほど罪悪感もない様子で約束を破り、課題を避け、要求に応えない状態が続いていった。

今年から始めている剣道の練習も休みがちである。「頭が痛い」「お腹が痛い」などの身体的訴えが多く、準備をゆっくりして遅れるなどを言い訳とした。仮病については、「病気」として扱うことにしている。それも、できるだけ重症な患者のように。

元気盛りの子どもが、理由もなしに日中寝ていたいと思うのは、すでに病気なのである。隆が訴えたとおりの病気でなくても、甘えの欠乏が耐えられる限界を超えたとか、精神的スタミナ切れなどである。私はこの状態を「愛情欠乏症候群」と呼んでいる。

九月中、竹花保育士は三歳の福子、四歳の多歌音といっしょに、小学五年生半ばの隆と一日四回も入浴している。四年生の妹には、四回目に「おまえは、ぼくが出てから入れ」と一言って、恥の感覚を見せた。風呂では精いっぱいふざけて楽しんでいた。竹花保育士は、特に就寝時の関わりも大切にし、担当の四人の子どもと同じように、ふざけながらのスキンシップを心がけ、本を読み、お祈りをして静かに休む。隆が竹花の隣に寝たがったり、布団の中に入ってきたりすることもしばしばになってきていた。

また隆は、保育士といっしょにプリンを作ったり、年少の子の誕生日に手作りのプレゼントを用意したりしながら、一か月をすぎるころには、職員や男子指導員などに言われれば、宿題をしていく気配が示されてきた。

何よりも、月末の練習日に行われる剣道の月例試合で、見事に優勝することができた。大きな手がかりになる。

「信じる」ということは、何もしないでいることではない。いっしょに努力をしながら待つのである。私たちは、いっしょに何かを成そうと懸命に努力するほど、早く成果がでるようにと急いでしまう。そして、あきらめるのも早いのである。

子どもと生活するなかで、大切なことは「信じて」待つことである。子どもは、いい加減に生きようと努力しているのではない。そのことをいつまで信じ、待てるか。それを試されているのかもしれない。

甘えと受容

隆と担当の竹花保育士との間に、甘えとその受容という闘いのような日々が続いていった。

六年生目前の二月中旬、竹花保育士の膝に抱かれてオヤツを食べる隆の姿があった。同じ家で暮らしている、ほかの小さな子どもたちに混じってである。

保育士との入浴、添い寝などの際限がないような甘えの要求が次々に表現され、竹花はそれを迷いながらも受容することで、安心していっしょにいられる生活や関係づくりを目指していた。学校などでは毎年行われている担当替えを、生活場面ですることとが、どれほど子どもに大きな影響を与えるのかを痛感させられながら。

学校でも教師に、掃除など仕事や課題からの逃避、版画の時間に顔に墨をつけてふざけたり、宿題や提出物を提出しなかったりなどで甘えが表現された。特に、一学年一クラスの小規模校で、同学年である光の子どもの家の三人の子たちと事あるごとに比較され、評価されることには激しい拒絶反応を示した。幼児的甘えに少し遅れて、手強い試みに私たちは見舞われた。

担当者と家が変わって二か月後、隆は小遠足のオヤツを近くの小さなスーパーマーケットに買いに行った。五百円を持たせて、レシートを失くさないように注意して出した。

隆は帰ってきて、お店がレシートをくれなかったと言うのである。「じゃあ、別の紙に書いておいて」と竹花は言っておいた。隆が書いたものを見ると、なんとオレンジジュースに三百円もかかっていた。

リュックにしまってあるジュースを出させて、見てみると九十八円の値段がついている。結果、二百二円の使途不明金である。隆に問いただしてみると、その分はお菓子を買って食べたという。お金の大切さ、欲しい物は担当の保育士に言うように話してその場は終わった。

実際、光の子どもの家では、子どものオヤツは食器戸棚の中に入っていて、自由に取って食べられるようになっているというのに……。

それから三週間足らずのある日、夕食後に、隆は水彩の絵の道具を、いつもお世話になっている文房具店に買いに行った。帰りが遅いので指導員が迎えに行き、途中で隆に出会うと、おつりをお店に忘れてきたと言う。急いで文房具店に車を走らせた。しかし、置いたというところには何もない。お店の人もいっしょに捜してくれたが見つからない。

五千円札で千八百円の買い物をし、おつりの三千二百円が行方不明になった。指導員がよく聞いていくと、隆は失くしたと言った。しかし最終的には、隠し持っていたことを竹花に泣いて告げた。

多くの施設では失敗しないように、あるいはさせないように力を尽くす。子ども自身ではなく、職員が買い物をしたら問題はない。しかし、買い物させないで育つことのほうが、問題を多く残すのである。買わせて失敗したら面倒なことになる。しかし、人間は失敗する動物である。失敗しながら成長していくのである。

隆の例では、ごまかしてもいつかはわかってしまうこと、失敗したら謝ったり、後始末をしなければならないこと、その始末に大人も加わり大変なことになることなどを経験することができたのである。

これについては、いっしょに暮らしていくには、やっていいことといけないことがあり、そのルールを守れないといっしょに暮らせないことを、隆に心を尽くして話をした。そして、ご迷惑をかけたお店に、私と竹花が心から謝った様子も伝えた。

＊

隆の希望で、年度の始めから地域の少年サッカークラブに入っていた。練習に遅れ、体調不良を訴えるなど、消極的な態度になったのも同時期に重なっている。嫌だったら辞めればいいのだが、隆は辞めたくはないと言う。

竹花が練習を見にいって励ますなどで、年度の終わりには準レギュラーを獲得し、ときどき試合で活躍するようになり、六年生ではレギュラーの位置を確保した。

学校での位置や、教師にもたれたマイナスのイメージはなかなか変わらない。スポーツでは、まぐれでもうまくいくと評価は早いし、位置もはっきり変わる。サッカーをテコにした関係の確立を辛抱強く試みていった。

悲しい事件や、もうダメかなと思えるようなことが連続したこの数年間は、信じられるから信じるのではなく、信じられないから信じられるようになるために、信じるように全力で努力し続けた日々であった。

応えてくれるかどうかわからないから信じる。信じて賭けたことと違う結果が出た時こそ、そのマイナスのすべてを負うことが、本当の意味で信じることである。

情緒

私は光の子どもの家の前に、湯河原の児童養護施設ではたらいていた。その時期のことである。夏休みに親元とか親戚など、その施設の行事以外にどこへも行くことのできない子がいた。則幸《のりゆき》は幼児のころから施設で育った。

私たちは則幸の母親を捜して、横須賀から横浜と尋ね回って、最後に八王子の病院にいることを捜し当てた。彼の母親は、精神科病院と婦人保護施設を往復していた。

則幸の父親が誰なのか、母親自身にもわからなかった。

その母親のところに、則幸と担当の保育士を連れて何回か見舞った。行くと母は喜んでくれたが、それを表現するのに、わが子を抱きしめたり頬ずりをしたりすることはなかった。ただニコニコして見つめるだけだった。則幸は照れくさく当惑してか、うつむいてしまうのが常だった。親子のように親密なふたりの様子を見たこともない。

則幸が中学に入った年の夏、私の郷里の秋田に連れて行った。オンボロの車で今のように整備されてはいない道路を往復二一〇〇キロあまり、約一週間ほどいっしょに行動した。そのときのことである。

朝暗いうちに出発し、福島から山形、そして秋田へ数え切れないほどの山波を越えて、山形・秋田県境のトンネルを抜けたときには日が傾きかけていた。湯沢市に入る国道は雄物《おもの》川に沿って走り、出羽《でわ》丘陵を越えて、秀麗な姿の鳥海《ちょうかい》の山は夕焼けに染まっていた。

この美しい光景を則幸といっしょにじっくり味わおうと、車を停め、道端に立って彼に聞いた。

「きれいだな。湯河原や箱根もいいけど、いいだろう。」

「えー、何が?」

「ほら、この夕焼けがだんだん薄くなっていくだろう。ねえ、きれいだね。」

「……。」

「ほら、お星さまが……。ねえ、見えるだろう?」

こんなやりとりを何回となく続けたが、則幸には私の思いは伝わらず、「美しい、きれい」という内容にもとうとう共感することができなかった。

情緒や情感とは、その場面や状況や関係に触発されて湧きあがる感覚、思い、願い、意志、意欲などだろうと思う。それを共にする者同士が表現して伝え合い、共感しながら確認を深め、磨いていくものなのだろう。

情緒は、母によって命をつないでいく乳児が、生まれてから学習し続けるものだ。乳児が泣くと母は不安になり、オムツかミルクか、それとも熱か……と心配し、オムツが濡れていることを確かめてほっとしながら替えてやる。ニコニコする乳児を見て安心した母は、嬉しくなって頬ずりするかもしれない。

これが、場面や状況や関係に触発されて共感にいたるプロセスである。このプロセスを、寝返りができ、ハイハイし、〈自立〉して歩行を開始するまで何回くり返すのだろう。こうして共感し、確認し、深められ、磨かれていく情緒は、人間関係のキーワードといっても過言ではない。

みちのくの夕焼けを共感できなかった則幸と、湯河原周辺の山々を片っ端から登り歩いた。リュックサックに自分の分のおやつを入れ、途中で缶ジュースを一缶買って持たせ、それを五〇〇～八〇〇メートルほどの山の頂上に立つまで飲まない約束で登るのである。真冬でも汗びっしょりになって息を切らして登る。途中で「ちょっとだけ飲んでいい？」などと聞いたりねだったりするが、決して許さない。そうやってたどり着いた頂上で飲むジュースの味は、最上で格別である。

「おいしい！」「うまいなあ」と共感が生まれる。そして、ついに則幸が「きれいだなー」と感動を言葉にしたのは、中学二年の夏だった。

その後、則幸から結婚したという電話をもらった。施設を出た後、たくさんの苦労の末に、八丈島で生まれ育ったという人と山陰で仲良く暮らしているという。

「よかったな、おめでとう!」喜びを共感し合った。

信夫・祥子と父の死

信夫と祥子の父が突然、死亡した。

もう半世紀近く前になるだろうか。私がまだ湯河原の施設ではたらいていたその年は、三月に雪が降ったような記憶がある。その寒い年度末の出来事だった。

信夫と祥子は、養蜂業で家を空けがちな父と、OLの母との生活が四年あまりで崩壊しての、施設への入所であった。母は実家に子どもたちを置いて家出したまま、とうとう行方がわからない。祖母の話から、横浜界隈で再婚したという消息を聞いただけで、祖母も娘の話はあまりしたがらなかった。

父親は旅館の番頭をしていて、そこで結核にかかり、体の不調を訴えて医者を訪ねたときはすでに手遅れだったという。

今度の春分の日にお見舞いに行こう、と子どもたちと約束していたが、その前日に急に病が悪化して、駆けつけるのを待たずに父親はひっそりと亡くなった。

死亡の報せが父の実家にも伝えられたが、父は勘当されて戸籍から抹消されていた。しかし、さすがに祖父は駆けつけて、家の宗旨の真言宗で十人に満たないささやかな葬儀が行われた。戸籍から抹消された子どもの葬儀を晴れ晴れとできない祖父は、何かにつけて孫の信夫を前面に出したが、実質的には葬儀を取り仕切っていた。信夫はそのとき高校一年生で、当時の園長（施設長）が牧師をする伝道所の教会学校に通っており、迷うことなくキリスト教の洗礼を受ける準備をしていた。

以前、信夫は職員と激しいトラブルを起こして、父母と暮らした焼津に走り、記憶をたどって父の弟の家を捜し当てた。その叔父と共に、施設からほど遠くない町で旅館の番頭をしていた父親のところへ行き、数年ぶりに再会したのである。その数日後、信夫はうなだれて父と施設に戻って来たのだった。

息子に代わって、自分よりも年若い職員たちに白髪の頭を垂れて謝る父親の姿が、信夫の目に焼きついた。そのことが、彼のその後の行動や考えに強烈な影響を与えた。やくざな父ではあったが、信夫には慕わしい存在であった。その後数回、父が施設に来訪し、いっしょに外出したり、年末などの帰省も二回ほど経験できた。

そんな父の死である。

子どもたちは葬儀の前夜徹して泣き明かし、祥子は、国道を走る車の音にたびたび目を覚ました。

その後、信夫は教会に行くことに消極的になり、洗礼の話も遠のいていった。それと並行して学校を休みがちになり、朝、学校には出かけるが、途中で職員の目をかすめてそっと施設に帰り、自室のベットにもぐり込んだり、海岸をぶらついたり、ゲームセンターに入りびたったりするようになって二年を待たずに退学した。

＊

児童養護施設の働きは、家族に代わって子どもたちに関わり、家庭のような暮らしをつくり、できるだけ情緒を養い、生活や人間関係の技術や知識を身につけて社会に送り出すことである。

信夫にとって施設とは何であり、そこで働く者たちとは一体、何者だったのだろうか。

五千日有余の日々を必死に関わり続けてきた児童養護施設でのそれは、そのただ中で暮らしてきた信夫にとって、結果的に強く拒絶すべきものでしかなかったのである。その表れとしての家出によって、父親との関わりを再生させ、その後、数えて二十日にも満たない父と共にした生活は、その関係の質量において私たちの関わりをはるかに超えてしまっていたのである。

関わりの質量とは、十数年間もの間、音信不通だった父が息子と出会ったその瞬間に成立する関係なのである。それを人は親子・家族の絆という。その絆は物理的には血筋であり、心理的には「情緒」と言われるものだ。

家族、とりわけ親子関係の不思議さを、当時四十歳に満たなかった私はいやというほど経験させられた。

関わりの内容が家族におよばない私たちは、居続ける長い時間の中で、家族に匹敵するような濃密な情緒を、夜を日に継いで紡いでいかなければならない。

血筋をもたない私たちと子どもの関係は、信夫との関係のように、危機にいつもさらされているのだから。

〔一九九〇～一九九八年〕

共に「暮らし」をつくる

もっとも守られなければならないはずの子どもたちが負った不条理や障碍のなんと多く、そして重いことだろう。何よりも愛されることへの飢餓感、ある者は不感を疑わせるほどに愛を知らずに生きてきてしまった時間の長さに、どう関わっていいのかすらわからない状況もある。

はじめのころは、抱っこすることで十分だった光の子どもの家の子たちも、中学・高校生が半数を超えてしまい、一人一人の愛情への求めがそれぞれに異なって、意外な方法や内容で、そして予期しない時に突然、表現される。

家族の力

光の子どもの家ができる前のことである。

私が湯河原の施設ではたらいていた時期、両親の離婚、置き去りという残酷な状況に置かれた子どもが、乳児院を経過して児童養護施設にやって来た。その子は、中学三年生ごろまでは学校の成績もまあまあで、ごく普通の野球少年として成長していた。

その子が中学二年生の二学期ごろから学校に行かなくなり、海岸辺りをぶらぶらして帰るようになった。担当の保育士の言うことはことごとく無視して、時には職員に暴力を振るった。

当時の職員たちは事が起こるたびに、彼に「菅原先生に言うからね」と言い、児童養護施設で働き始めたばかりの私は他の職員から「何とかしてください！」と言われ、いつしか彼が卒業して出ていく日を願うようになっていた。

そんな彼の薄いケース記録と、ずいぶん前の児童相談所からの記録を読み直してみた。施設を出た後、高校進学せずに就職した先輩たちと、朝まだ暗いうちから学校の校庭で野球に興じる中で、「施設の子どもは高校なんか行かない。だから勉強なんか意味がない。どうせオレは施設の子どもなんだ」という自我感覚が、彼を荒れさせていたのではないかと思い当たった。

＊

梅雨の晴れ間のある日、海岸の県立公園の遊歩道を彼とぶらぶら歩いていたとき、「オレ、学校を休んで、よくここを歩いて時間をつぶした」と彼が言い出した。

「どうして学校を休むんだよ」と私は聞いた。

「勉強なんか大嫌いだからさ。」

「そんなことないだろ？　二年生まではクラスで十番以内に入っていたのに。」

「どうしてそんなこと。オレたちには高校なんかないんだよ。どうせ施設の子どもなんだ。」

そんなやりとりが、私の思いを確信に変えた。それからも、高校進学の勧めを彼は信じるそぶりもなく、荒れた暮らしが続いていた。

そして六月のある夜、同室の人がいない六畳の彼の部屋に寝ころんでいた私は、

「おまえ、親に会いたいとは思わないか？」と口から自然と、そんな大変な質問が出てしまった。

「どうせ、オレのことなんか……。そんな奴らに会ってもしようがないじゃん」と声を落とし、彼は本当に寂しそうに言った。私にはそれは、〝オレのことを覚えていてほしい！　会いたいんだ！〟と地底から湧いてくるような彼の絶叫と思えた。

当時の福祉施設は貧しさのかぎりで、子どもたちを食べさせるだけで精いっぱいだったから、親のことなど構いようがなかった。服役していた父親の消息は不明だった。彼の兄を八王子に尋ね当てたのは、わずかな休日の合間をぬって、豊かではないポケットマネーが底をついた夏の日射しの強い日だった。そこから、結婚している姉の所在がわかり、そして、有名私立高校の栄養士をしていた母親にたどり着くのに手間はかからなかった。

埼玉の南にある、開発の進む市に住む母親を訪ね、彼の絶叫を伝え、彼の人生を前向きにできるのは、自分の存在を片時も忘れずにいる人がいたのだということを彼が知ること、その事実を当の本人に伝えられるお母さんしかいないことを伝え、会いに来てくれるように説得した。

その夏休みの半ば、施設のある湘南の小さな駅の階段を降りて来る、小柄でスマートな母親を、彼はまぶしそうに顔を伏せながら見たが、何も言わずに私と母とが交わす挨拶を背後で聞いていた。

施設の人たちには合わせる顔がないという母の思いを受け入れて、駅前の喫茶店に私と並んで彼、それに向かい合って母が自然に座を占めた。

色白の母の顔は乾く間もなく涙に濡れて、しばしば会話を中断しなければならなかった。一通り挨拶と用件のあらましを確認し終えて、三十分ばかり用事があるからと言って私は席を外し、母子二人だけの時間をつくるために外に出た。

私が席に戻ると、これまで何回も説明し、高校へ行くことを勧める私の言葉を受け入れなかった彼が、母親からの「今の時代は高校を出ていなければ小さな資格さえ取ることができないからね。先生の言うようにさせてもらったら?」という一言で、「オレなんかが、ほんとうに高校へ行ってもいいのかい?」と、顔をこちらに向けたのである。

それから、高校進学へ向けた取り組みが始まり、何よりも彼の生活の中に母と兄、そして姉という家族が、訪問や帰省など強力な関わりを始めた。

遅れていた学業成績を取り返そうと始めた彼との学習の様子を見て、何人かの職員たちが、「あの子、本当に高校へ行く気みたいよ」とか、「私、彼とこれから三年なんかとてもやれないわ」などとひそひそ話をするようになり、また彼は、「やっぱり、ダメじゃん」と勉強を投げ出したりしていた。

私の借りていたアパートが施設と学校の途中にあり、そこの鍵を渡して、テープレコーダーに課題や難しい問題の解き方などを吹き込んでおいて勉強を続けたりもした。成績は、何とか受験できるくらいまで取り返した。しかし、彼が高校進学し、あと三年間施設に残るなら辞めると言い出した職員がいた。当時は、施設職員の採用が困難をきわめ、北海道や沖縄へでもこちらから出向いてお願いするようなありさまだった。職員から辞職を言い渡され、管理する者は非常に困り果て、とうとう十一月になり、「経済的に困難だから高校進学は難しい」と言い出したのである。

そこで、ボランティアたちと募金活動を展開しながら、彼の進学資金を確保した。そして、彼は見事に高校へ入学した。

児童養護施設からの高校進学率が一〇％未満だったその当時、職員を説得し続けて、高校へ進学を果たしてくれた最初の子どもである。

このことは私に、養護問題の並々ならないことをうかがわせ、それに真正面に向かい合って関わることを求め、現在までの取り組みを継続させる重要なエネルギーを与えてくれたきっかけの一つとなっている。

＊

彼を通して、児童養護施設の問題は何よりも家族問題であり、それはまた、社会的な広がりの中で解決を図らなければならないものであることを学んだ。そして、子どもの養育は、親や家族の協力を得ることで、大きな展開を見ることができることを教えられた。

養育に困難はつきもので、子どもとの関わりに複数の選択肢があれば、もっとも困難なほうを選べば間違いは少ない、と私は考えてきた。聖書が言う、「狭い門から入れ」なのである（マタイの福音書七章一三節参照）。施設でのはたらきは人間関係そのものであるところから、これは重要な考えである。

それでも、特に思春期の子どもたちの次から次へとくり出される反抗や、自分勝手な他者批判、減らず口、無謀な自己主張、怠学や家出（家出して帰って来なかった施設の子どもはこれまで一人もいなかったが）などへの対応に、どうすればいいのか見当さえ見失うことがしばしばである。

そんなきわどい状況を親や家族と分かち合い、あるときは家庭への帰省を試みたり、家族に駆けつけてもらったりするなどをしながら、家族の持つ、特に情緒的な力によって切り抜けてきたことは枚挙にいとまがないほどである。それは、私の養護活動の主柱をなしている。

成長する子どもたち

「ウッセーナァー、サワンジャネエヨ、スケベ！」と香津子《かづこ》。

「ブッコロシテヤル！、テメエナンカ、キエロヨ！」これは卓《たく》。

「ウッセーナァー！　カンケーネェダロ。アッチイケヨ！」と奏《そう》。

中学生以上が半数を占める光の子どもの家の十一回目の夏休み。こんなやりとりが何回かあった。

地元からの要請で、非行が表れる前の幼児だけを受け入れた開設当初に入所してきた香津子と卓と奏。思春期になると、それまで素直で愉快な子どもたちの表情が鋭くなり、態度が横柄になり、言葉遣いも冒頭に記したように乱暴になって一変する。自分の非を認めることがないか、あるいはあっても少なくて、大人やまわりのせいにする。屁理屈や非難が得意で、挑発も巧みになるが、責任の中心からはすり抜ける。

四歳の彼らが、一様につるりとした寒く堅い表情で、全身に不安を表現してやって来てから十年あまり……。熱を出しては病院に連れて行き、遠足に付きそい、教師の差別的な発言には彼らの誇りを回復するまで話し合い、地域の子とのケンカには子どもたちに代わって涙して頭を垂れ、彼らのもっとも心を寄せる家族を捜しに奔走した。もっとも美しい青春時代をささげて育ててきた結果がこれなのかと、ことさら担当の保育士の落胆は激しい。

「肉体の内部からつきあがってきだしたもやもやしたものが、肉体の秘密とともに父や母に距離をとらずにいられなくしたらしい。それまで少年らしい高いよく透る声が自慢だったのが、ある日突然醜く潰れた。夕方になると人懐かしさにいたたまれなくなって、よく外をうろつくようになった。体操の時同級生の女子が黒いブルーマに穿きかえて動きまわるのが、急にまぶしくて直視できなくなった。」

作家の中野孝次は、『麦熱るる日に』にこう書いている。

身体的な成長とともに、まわりにいる大人への堅かった信頼がゆらぎ、唯一無二の親友もライバルとなり、嫉妬や不信あるいは差別感などを持つこともあり、激しく変化していく。また、異性への怒濤のような関心と緊張とに呑み込まれ、高校受験のプレッシャーが襲いかかる時期なのである

＊

卓が職員と取っ組み合いをした。もっとも力を注いでいる高校進学のための学習指導をめぐってのことだった。「あいつが悪いんだ！」と言って譲らず、謝らない卓に私は謝罪を迫り、だんだん激しく叱責した。

突然、激しい衝撃が私の顔面をおそった。卓が私に殴りかかったのだ。

私は動転した。

三十年近い児童養護施設の経験にない出来事を何とか処理しようとするのだが、頭が一向に動かなかった。これは、もはやここで卓といっしょに暮らすことができないということだ、と思った。そして、卓にそう言った。「私かきみのどっちが出て行くかを考えよう」とも言った。

卓が泣いて詫びた。しかし、どうにもそれで赦していいとは思えない。ともかく児童相談所にいっしょに行って相談しよう、と提案した。

高校三年の陸男が、「赦してあげてください。もう一度、やり直しの機会を下さい」と涙を流して頭を垂れた。

亜紀が顔をぐしゃぐしゃにして怯えるように泣き、勇も千沙も泣いていた。

私は、厳のように、その赦しを乞う訴えを拒絶した。

明日、児童相談所に行くから荷物をまとめておくようにと言って、私は切り上げて本園に帰ろうとした。

「すみません。卓の十四年あまりの人生の十年もの間、私が親代わりで育ててきました。卓が悪いのは私が至らなかったからです。卓がここを出て行くのなら、私もここにいるわけにはいきません。私を辞めさせてください」と、担当の倉澤智子が泣きながら、しかし、きっぱりと言った。みんな声を上げて泣いた。特に、卓は激しく泣いた。

人は何ものかに執着してそれを獲得し、そして、それを捨て、それから離脱して成長していく。その分離・離脱の時期が、発達心理学者のエリクソンの言った発達上の危機なのだろうと思う。その危機は、所属する共同体の力を集め、乗り越えていくのである。その共同体の力量が試される。

そのすべてのものの中で、母親の存在は情緒的であるがゆえに実に強い力なのだ。すんでのところで危機を脱する。

卓は危機をひとつ乗り越えて情緒的に成長し、次の危機へ向かう。

寄る辺

原田家で、中学一年生が中間試験のための学習会をしていた。中学三年生の敬《たかし》も大事な中間試験なのだがどうにも身が入らず、ダイニングルームでテレビを見ていた。職員の鈴木由紀子が、「敬ちゃん、ごめんね。中一の子たちが中間試験の勉強をしたいのでテレビは後にしてくれる？」と言うが、敬は無視。

「あなたも勉強しなきゃね。それが終わったら見ればいい」と鈴木。敬は動かずテレビに見入る。しばらくして鈴木といっしょに学習指導をしていた下山英哉が、「由紀子さんの言ったのが聞こえただろう。テレビは後にしような」と、スイッチを切った。

敬は無言で立ち上がり、子どもたちをにらみつけ、足音を荒げダイニングルームのドアのところで立ち止まり、「おもしろくねえな！」と言ってドアのガラスを足で蹴り飛ばした。大きな音を立ててガラスの破片が飛び散り、子どもたちはおびえて静まり返った。

「何やってんだよ！」と下山が怒鳴り、そばに行ったが、敬は「うっせえなあ、オレはテレビが見たいんだよ！」と、自分の部屋に入っていった。

しばらくして下山が敬の部屋に行くと、石膏ボードでできている壁をげんこつで打ったらしく、部屋の壁一面は無惨な穴をさらしていた。

「どうしてこんなことをするんだよ。」 下山は「こんなことをしても、何もいいことがないだろう」と続け、自分のしたことの意味を確認してほしいと、敬に迫った。それは、修理を頼むなり、謝罪させようと考えてのことだった。

敬は「だってテレビが見たかったんだもの。いつだってオレが見たいときに見せてくれないんだから……」と、言い続けるだけだった。

下山は、「それでガラスを破ったり、壁に穴をあけてもいいことになるのか！ ガラスや壁がおまえに何をしたというのだ」と迫った。敬は「オレは何も悪くない。テレビが見たいのに見せてくれなかったのが悪いんだ」を何回もくり返した。

下山は少しじれてきて、「それじゃあ、テレビを見せなかったからガラスが割れ、壁に穴があいたというのか」と気色ばんだ。すると敬は、「そうだよ、わかってるじゃん」と、うす笑いを浮かべた。

下山は、「何だと、そんなバカなことがあるもんか！」と激昂した。そこへ、鈴木が入って来て、「ごめんなさい。私の言い方が悪かったのかもしれない。後で私がよく言い聞かせますから」と場面を引き取った。

その後、鈴木が敬に反省させ、謝罪をいっしょにしようと試みたが、敬はガンとして、「オレは悪くない、テレビを見せなかったからガラスを割って、壁を破ったんだ。それはあたり前だ」とくり返し、動かなかった。

乳幼児期から学童期までに、孤立無援で非常に緊迫した状況に置かれた子どもは、ほとんど内省するなどの心を持ち得ないと心理学者や精神科医たちは言う。「見捨てられ症候群」と呼ぶ学者もいる。

孤立無援で叱責され、脅かされたりしている子どもは、自らを防衛するのに精いっぱいの状態だからだと思う。ほかのことなど思いやれない絶体絶命の状況なのだから。児童養護施設は、絶体絶命を何度もくぐり抜けてきた子どもたちの、終着の寄る辺なのだ。

だから、トラブルなどが起きたとき、一度にそして瞬時に解決に至ろうとしてしまう陥穽《かんせい》にはまることが多い。暮らしは継続する。子どもの受け入れの質量も低下している。伝えたいことを何回も分割して伝えるようにプログラムしていくように心がける。

光の子どもの家では毎日、その子どもの能力を考えて学習課題を作成し、約一時間半ほど指導員が中心になり、学習指導をしている。これまで全員の高校進学を果たしているのは、その成果なのである。

尚一《しょういち》のこと

尚一は、夏休みごろから生活が荒れている。職員を口汚くののしり、挑発し、そしてあるときは暴行におよぶ。それも、ほとんどは男子の指導員が標的になる。尚一は小学生から空手に通い、とりあえず一級の腕前ではある。そんな自分の力を試しているようでもあった。

高校進学は本人の選択の問題であり、こちらからお願いして高校に行ってもらうようなものではないこと、高校受験への備えは尚一自身の課題であること。就職も考えられることなど、問題を整理して日頃伝えてきた。夏休みに、高校へ行かない場合を考えて、具体的に担当保育士とハローワークで求職の状況などを確認したりもした。

しかし、尚一の様子は変わらなかった。高校へ行きたいとは言うが、設定した学習に参加しない。参加しても指導に従わない。そして時折り、指導員と激突してしまうのである。

とうとう夏休みの終わりごろに、学校の友人三人で相当な規模の窃盗を犯してしまったことが、十月の終わりに発覚した。それで得た金品を学校の友人たちに惜しげもなく配っていたという。その件は、中学校の教師たちの協力や関係者のご理解もあって表沙汰にはならずにすんだ。その後も彼の生活は荒れ続けた。

「尚一の大人に対する態度はなっていない。まるで私たちのために勉強してあげるという態度だ！」五年目の穴水指導員が声を荒げた。

「あんな事件をしでかしておいて、反省のかけらも感じられない。仮に高校へ行ったとして、こんな状態では三年間の高校生活などとてもやれそうにない」と、白石指導員。

職員会議では、そんな子どもだからこそ、そのまま社会に出すわけにはいかない、高校は、とりあえず社会生活をするための基本的な生活や人間関係の知識や技術を獲得するための期間なのだ、ということを確認し、学校の担任との協力を得ながら進路を定めていこうと結論した。

＊

尚一は生後間もなく親が離婚、乳児院から四歳九か月で光の子どもの家にやって来た。五歳の誕生日の後も赤ちゃん言葉だった。

ずば抜けた能力はないが、陽気な盛り上げ屋で愛すべき存在である。彼のいるところはとびきりにぎやかで、たまには「静かにしろ！」の声も付いてくる。じつに明るく楽しい存在である。そんな尚一がこの約半年間で荒れ果て、生活の立て直しやこの先のことが見えなくなってしまっていた。

この家の開設時の事情から、彼は四人以上の同学年の子どもと仲の良い兄弟のように育った。しかし、双子や三つ子、それ以上の多胎児のような比較対象を持つ日常と同じなのである。その中で、人に賞賛される機会のほとんどなかった子どもである。

乳幼児から学童前期に「絶対的受容」を経験できなかった子に、「境界性人格障害」が思春期に発現することがある、と児童精神科医の菅野圭樹先生はいう。

尚一は、そんな絶対的受容を経験することの少なかった子どもに違いない。成績も、学年順位の最後から一桁をキープしていて学習にも身が入らない。そして、義務教育の終わりが迫ってくる。どうしていいかわからないが、何とかしなければならない。何をしても手応えがなく、尚一の心は天涯の孤独に苛まれていたのだろう。

遅くても、絶対的な受容をもって尚一に関わろうと考えた。

「たとえ受験に失敗したとしても大丈夫。もし、光の子どもの家にいられないような事情になったら、ウチでいっしょに暮らすから、後のことは心配するな。とりあえず、いま、きみがしなければならないことをするように」と、ていねいに話をした。

間もなく彼は一つ山を越えたように、遅まきながら受験の備えに取り組みはじめ、誕生会などで賑やかな盛り上げ屋に戻った。

思春期の問題をもっとも悩み、苦しんでいるのは尚一自身である。そのような悩みをわがものにし、どんなに苦しくても逃げない母親や、その苦闘の時期をどっしりと構えて見守り、必要な安心を与える父親などの、子どもと太い情緒を共有する家族の存在が、多くの思春期を乗り越えさせてきているのである。

ここにいる多くの尚一たちは、そんな家族を失い、思春期に特徴的な〝自分が何者なのか〟を追求する手がかりさえも失っているのである。

言葉

家族関係にあったはずの力が、極端に少なくなったと言われて久しい。人の関係を取り結ぶために大きな役割をもつものに、「言葉」がある。関係の衰弱は、〝言葉の衰弱〟と言い換えてもいいと考える。

暮らしとは、複数の人間が同一の場面で協力して生きることであり、複数の人間が暮らし合うためには、言葉によって結び合わされる関係に拠らなければならないのである。

家の中に氾濫するテレビの映像と音声の洪水に溺死しかねない状況は、この国の都市、過疎地といわず、ところを選ばない。一度テレビのスイッチを入れると、次から次へ、これでもかこれでもかと視聴者を惹きつけて放さないようにプログラムされた情報があふれ出し、専業主婦や子どもたちの力ではスイッチを切って消し去ることができないほどに強力な勢いなのである。

その結果、人々はテレビの映像と音声を暮らしのＢＧＭにし、今何が映し出され、何が伝えられているのかなどお構いなしに、まさにその中で暮らしが流れている。〝言葉〟がそれほどの意味を伝えなくなってしまった人々の暮らしは、いつもどこかいら立ちを抱えながら、何かに飢えているようなザラつきへものすごい早さで変容していく。

＊

光の子どもの家では三人の中学生が高校を受験して、めでたく合格した。しかし、受験に備えて合宿までしたのだったが、そこまでの道のりは平坦なものでは決してなかった。何よりもまず、受験しようとする者たちの受験に立ち向かう姿勢や意識をつくることに大変なエネルギーが消費されたのである。また、それをつくり、確認することが何よりもこの時期の子どもたちへの基本的な関わりでもある。

人は誰でもそうなのだが、とりわけ児童養護施設の子どもたちは、ここを出た後は、ひとりぼっちで、このわけのわからない社会で生きていかなければならないのだ。それに立ち向かうことを、状況を含めて伝える最初の機会が進路の決定なのである。

中学を卒業すると、社会に出て働いて自立することも可能なのである。埼玉県の児童養護施設では、五十人そこそこの中学卒業者の中から三十五名が就職していくという。そんな中で、多くのご協力により、高校への進学もひとつの選択肢に私たちはしてきた。

子どもたちは中学の終わりに、自分の意志でどれを選択するのかを突きつけられる。十五歳の子どもに、自分の生涯を展望し、そのために何を選ぶのかなどは至難の業である。それでも、現実にはそれを避けるわけにはいかない。

明は中学三年の春に、担当者などが立ち会って、「高校に行かせてください」と言ってきた。

「どうして高校へ行きたいのか」という問いに、職員が示唆していたのであろうが、「勉強するためにです」と低いがはっきりした声で明は答えた。

「高校へはここから通いたいか？」にも、「はい」と答える。「それでは、ここから出て働いて自由に生活するよりも、ここで生活することをきみは選ぶんだね。」「はい。」

ここに来る子どもたちは、親や家族の都合で、できれば拒否したい施設の生活をさせられてきた。しかし今後は、「きみ」が選んでするのだから前向きに学習に取り組み、ふさわしい生活をしていくことを約束する必要がある。明もそのことを約束し、受験の備えを始めたのだった。

しかし、受験に至るまで彼の取り組みは、目をおおうばかりの日々が続いていったのである。

とうとう、受験の日まで一か月を切ってしまったころ、私はもう一度約束を確認して、少しでもいいから受験への備えをするように、生活のリズムと最低限の学習の時間を整えるよう話をした。そのときも、彼は「はい」と答えたが、三日後にはテレビにのめり込んで日を過ごしていた。

「これでは、きみとの約束は意味をなさないことになる。だから、きみが選んだ高校生活への見通しは持てない。就職の線を選び直そう」と、再提案した。こちらの真剣さに驚いた明は、残りの数週間、どうにか生活を正して受験に臨んだのであった。

〝お返事坊や〟〝お返事ちゃん〟と言われることの多い子どもたちである。

「さあ、もうご飯だから起きなさいよ」「はーい」と、じつに良い返事はするのだが、後は物音ひとつせずに再び寝入ってしまうのだ。「はい」という言葉は行動で示すべきものであることから、根気よく伝えなければならないのである。

言葉は肉体によって証しされるものであると伝えることの、何と困難な時代なのだろうか、と嘆くことしきりの昨今ではある。

〔一九九五〜一九九七年〕

自　立

「自立」とは、「自分で自分の行為を規制すること」（『広辞苑』）である。自分の理性に基づく意志のみで自らの行為を決定することは、多くの場合不可能に近い。このことを教育や養育など、人に関わる者は確認しておく必要がある。

胎児は母体から自立するために母体の中で成長し、乳児は離乳するために乳を摂る。たくさんの手助けを必要とする幼児は、自分でできるようになるために介助を受け、学童は、大人の保護から自立するために教育・養育などを受けていると考える。

人としての自立は、向かうべき最大の目標であるだろう。児童養護施設のあらゆる取り組みは、何よりもまず子どもの社会的自立を目指すものである。身体的、文化的、経済的、精神的自立などを総称して、「社会的自立」ととらえたい。

この社会的自立をよりよく果たすためにこそ、光の子どもの家のすべてが機能し、その機能が統合されてはたらいていかなければならない。

＊

五歳になるまで乳児院にいた嬉《うれし》と鷹文《たかふみ》、溺愛してくれた母親と突然に離別した加津子、父が死亡した滋《しげる》の四人が小学校に入学したときのことである。幼稚園ではまずまずの様子だったので、そんなに心配もしなかった。

学校からの最初の家庭訪問。先生のご苦労が洪水のように私たちを浸した。授業に全くついていけないという四人である。学校生活が極端に下手であり、集団からはみ出してしまう彼らの状況。学校の先生は、光の子どもの家の職員の抑圧を、彼らは学校で発散しているのではないかと疑っていたようである。

抑圧的な対応が全くないとは思わないが、開設当初は反対運動との関係で入所は幼児のみで、「受容」が主な対応のすべてであった。学校への教育や訓練は幼稚園にお任せして、子どもたちが経験し得なかったか、極端に少なかった「大人との安定した信頼関係」を目指した「徹底的な受容」「情操の涵養《かんよう》」を願い、懸命に行ってきた。

私たちは厳しい反省を迫られ、子どもたちの状況を分析し直して整理し、対応することになった。

大人との一対一の関係づくりを重要にするあまりに、周辺のことが見えなかった。ひらがなの獲得も不十分。年齢にふさわしい社会性が身についていない教育・訓練面での取り組み不足も明らかになった。担当者との「受容」を主体にした関係をさらに強化し、深化させながら、一年生の四人で一つの集団を形成していく。共通の目標と、それへ到達するための内容や経過を明確にして取り組み直した。

光の子どもの家は、長方形の敷地をふちどるように建物が建っている。中庭は、枕木の渡り歩道や各家や食堂、事務棟などをつないでいる。園庭の中央には、大きなけやきの木が立ち、その根本から放射状に枕木が回りの歩道に向かって伸びている。このけやきを中心にしたクローバーの緑が美しい園庭の北側約三〇〇平方メートルは、光の子どもの家の中心をなす重要な位置である。

その年の夏休みに、この庭の管理を職員といっしょにすること、そのごほうびに、どこかへ旅行することを四人の子どもと話し合って決めた。

彼らはよく働いた。草取りをし、ごみを拾い、立派に管理している。その夏、彼ら四人とともに裏妙義山《うらみょうぎ》、筆頭岩（金鶏山《きんけい》）の絶壁の鎖にしがみつき、馬の背のような山頂で足をすくませながら、赤城榛名《あかぎはるな》など上州一円を眼下にした。秋には、奥秩父の民宿に遊びに行き、三峰山《みつみね》を徒歩で登ったのだった。

ホントウの〈自立〉

光の子どもの家では、開設当初の事情で幼児が多かった。親や家族に愛されて、抱っこされたり、甘やかされたりした経験の極端に少ないか、全くないような幼児がほとんどだった。いきおい「抱っこ、おんぶ」が関わりの主要な手段で、子どもたちの求める内容であった。今も取り組みの基本が「受容」であることに変わりはない。児童養護施設の主要な仕事は、愛情飢餓への対応なのである。

「抱っこ、おんぶ」に象徴される〈受容〉を主な対応として続けてきた光の子どもの家の取り組みは、子どもたちが成長していくにつれ、〈自立〉へと対応の内容をずらしてきた。

親や家族の持っている位置や力の援助を期待できない児童養護施設の子どもたちが、何にも頼らないで自分の「力」で生きていかなければならないことは自明のことであり、社会的自立は、児童養護施設の目指す最終目標なのである。

＊

光の子どもの家で行われていた学童有志の朝のジョギングには、いつも真先に走り出す広田隆文《たかふみ》は、学校では二年かかってまだクラスに馴染むことができていない。いっしょに走りながら、子どもたちの「できるようになること」の速さに驚かされている。朝、起きることに三十分以上もかけてグズグズし、駆け出すまでに一時間もかかっていた子どもたちが、二週間を過ぎたころには、六時十五分にはすでに七名全員がそろい、玄関をスタートし、十分後には息をはずませてうっすら汗をかいて到着するようになった。

春といってもまだまだ風は冷たく、小さい彼らには残酷にさえ思われるが、いっしょに走ることを楽しみにし、「明日も走ろう」と土曜日の走り終えた後でせがまれたりもして内心ヒヤリとさえさせられる。もう新聞配達のお兄さんたちとも顔なじみになった。

助けを借りずにできることが多くなることが〈自立〉である。だから、できなかったことができるようになると、みんなで褒め、評価する機会をできるだけ多くつくる。叱ること、注意することは短く、褒めたり評価したりすることは長くみんなの前で行ってきた。

光の子どもの家で実習をしていた人が、就職先が決まり、挨拶に見えたとき、「自立とは、みんながみんなに頼って生きられるようになることだと思います。そうならなければ、障碍を持った人たちはいつまでも不公平な状態で生きなければなりません」と言われた。

何にも頼らないで生きられるようになることが自立であることは確かなことである。しかし、私たちの誰が言葉の厳密な意味で、「何にも頼らないで」生きることができるだろうか。そのことを正しく認識できるようになることこそが、ホントウの〈自立〉なのだろうと考えている。

自立をかちとる訓練

第二土曜の夕方、「鷹貴《たかき》君のところに泊まりに行きたい、いい？」と潔《きよし》が担当保育士の竹花信恵に聞いてきた。

「どうして？　今どういう時だかわかっているのかな？」と、高校受験を前にしていることをにおわせながら竹花は答えた。「同じ敷地だし、いいじゃんか。行ってもいいだろう？」「私はそうは思わないよ。」

そしてついに、「それはあなたが自分で決めることだよ。もう自分で考えて好きなようにしなさい！」「それじゃあ、好きにするよ！」と潔は鷹貴のところに行ってしまった。

隣の仙道家では泊まりに来た潔と鷹貴が、友だちから借りてきたというゲームに興じていた。ちなみに、光の子どもの家はテレビゲームは原則禁止している。

指導員の祐介が、「おまえ、何をやっているんだ。ゲームをやっている場合なのか！　第一、好きなようにしなさい、と言ったのは、信恵さんがおまえによく考えてほしかったからなんだよ。鷹貴のところに泊まっていい、という意味ではないことはおまえだってよくわかっているはずだ。すぐ帰りなさい！」と諭すが、「信恵さんがいいって言ったもん」と潔は頑として言い張り、動こうともしない。

そんなやりとりの最中、鷹貴がいきなり、「潔、がんばれ、オレが助太刀するからな」と声をかけた。潔は勢いづき、「お父さんに買ってもらったゲームも使わしてくれない、そのうえ、友だちのところに泊まることもダメだなんて、絶対に我慢できないよ」と言った。

指導員の祐介も「それは違うだろう。おまえさんの寝る場所がちゃんとあって、そのうえ、信恵さんが承知していないことでもあるんだから」と反撃する。「信恵さんはいいって言ったもん」と動かない。「ダメなものはダメ、帰りなさい！」

すると、短気の鷹貴が怒ってしまい、そこら辺にある家具や襖などをたたき壊す騒動になった。

一般に、思春期の子どもたちには言いようのない不満が心に充満していて、いつでも一触即発の状態でいる。そして、児童養護施設の子どもたちの不満は質量ともに、普通の生活をしている子どもたちに比して濃度が密で高いのである。とりたてて事を起こそうとしていたのではないが、些細なことで大騒ぎに発展する。

暮らしのすべてを保護されている子どもと、家族や大人との関係は、時に危機的状況になるのは児童養護施設にかぎったことではない。多くは充満している不満に容易に着火し、爆発する。

日常的に大人によって保護されている子どもたちは、たいがい自分のできることさえほとんどしようとせずに、大人にやってもらうことが多い。当然、自分ができることを自分がする、というのが自立の内容である。できることが増えていくことが大人になる道筋なのである。

戦後の混乱と物資の欠乏時代を耐えて努力してきた親たちが、自分の子どもにはこんな苦労をさせたくないと、子どもたちに耐性を身につけるための訓練の機会を奪って育ててきた。それが子どものためだという信仰にも似た誤解の中で。そして、そう育てられた子どもたちが今親になり、当然、自分の子どもには苦労をさせてはならないと思い込んでいるのだ。そう育てられている子どもたちが大半の世の中である。だから、いつまでも親が面倒を見てくれるものだと信じ込んでいる。

生活の中で依存している部分が多ければ多いほど、不満は比例して多くなる。当然、自分ができることを大人に依存しているから、もっとやってくれるべきだという欲求が膨れ上がり、そうでないと不満が積み上げられるのである。

いつも洗濯一切をやっていた保育士が忙しくて、「これぐらい自分で洗ったら」と言われた中学生が、その保育士に殴りかかったということが数年前にあった。もし彼がいつも当然できる洗濯をしていて、ある日、保育士が何かのついでに洗濯をしてあげたなら、きっとありがたく思ったに違いないのである。自立の度合いが高ければ高いほど、感謝などの情緒が生起するのである。

「お父さんに買ってもらったファミコンも使えないし、泊まりに行くこともできないからつまらない」と言う潔に、「そんなつまらない生活だったらやめて、これからは自分で生きていくことを考えたらいい。ちょうど義務教育も終わるし、これからはきみが生きていく方法を選択できるのだから」と言い渡した。もちろん、彼が生活の主体者としての認識を獲得させる手だてとしてだが。

自立をかちとる訓練の過程でこそ、親子や家族の情緒は豊かに生成され、人との絆が強くなるものである。

帰る場所

お正月やお盆など、幼いころは父に連れられて親戚に挨拶して回った記憶がある。中学生ぐらいになると、父から「おまえが行って挨拶をして来い」と命じられて、親戚の家にご挨拶にしばしばあがった。その数が何とも多くて、相手と自分との関係がどのようなものなのかも判然としないままだったのだが、それ以来、親戚とは今日までそれ相当のつき合いができている。

そのおつき合いのすべてが心地よいものであったわけではないし、父も母もいない場面での叔父叔母などの下世話な話や噂には辟易したことなど、一度や二度ではない。

＊

元旦、晶は弟と父方の実家にご挨拶に行き、弟は三泊するが、晶はその日に光の子どもの家に戻ってきた。

父方の実家には、伯父夫婦といとこなどの家族と隣り合わせで祖父母が住んでいる。祖父母と伯母の関係や、祖母と息子である晶の伯父との関係などが一通りあるのは常と変わらないだろう。晶と弟が父母と別れた後の数十日ほどを、この実家で過ごし、そこから光の子どもの家に入所してきたのである。父親が自分の子どもを実家の両親に預け、その祖父母が可愛いはずの孫を光の子どもの家に入れるに至るまでの、実家やその家族にかけた迷惑な言動の数々が、晶たちが実家に行くたびにリアルに想起されてしまう。

そんなことが複合して、ある種の情緒が醸し出される。その情緒は、形成する条件がマイナスなので、決して心地よいものになることはない。

実家から帰ってきた晶は、そのころ職員宿舎での自立のための生活訓練の疲れなども引きずっていて、ついにプラモデル売場で万引きをしてしまう。このことが一か月ぐらい後に判明し、私たちはその売り場に行って謝り、代金を支払った。

同じように、コンビニエンスストアで働いている父のもとに帰ってお正月を過ごしてきた将太は、友だちのバイクを乗り回し、友だちの父がそれを見つけて連絡してくれて事なきを得たが、そのことから喫煙の事実などが判明し、驚かせてくれた。

事情を聞いてみると、帰省した三泊四日の間、夜通し父の仕事を手伝ってきたという。お正月らしさや、のんびり父とつき合いを楽しんできたわけではない。だから、ほんの少しでも楽しい時間が欲しかったのだろう。

帰省したんだから、きっと甘えて楽しんできただろう、というわれわれの先入観は、彼らを非行や反社会的な行動の入り口まで連れて行ってしまうのである。子どもたちはそこで、甘い誘惑の匂いをかいでしまうと、なかなか後戻りができない。

小学六年生以上になると自我も相当育ち、自分の周囲がよく見えはじめ、思春期特有の不安定で敏感な季節になる。

小学生の中学年から高学年にかけての子どもたちに、帰省から戻った後の三週間ほどは夜尿が見られ、人のおやつを取ったり、置いてあったおつりなどをくすねてしまうなどがよく見られる。

しかし、「だから、親元への帰省はマイナスだからやめたらいいじゃないか」というのは短絡なのだ。そのような父やあるいは母たちの日常の中で、自分の置かれているさまざまな意味での状況を知り、たくさんの満たされない思いなどに、自らを含めた家族としての位置を見つけ、その家族がもつ広い意味での情緒を共有してくるのである。

一般に、児童養護施設の子どもたちは自分の家族に対してあらゆる意味で寛容である。

中にはまれに、「あんなのは親でもないし、自分は子どもではない！」などと強烈に拒否する者もいるが、それさえも、〈そんな親であってほしくないんだよ〉という悲痛な叫びであり、心からの願いの表現なのである。

そして、それでも彼らは〈帰る場所〉があるという誇らしさを、生きるバネにしている。

〔一九九〇〜一九九七年〕

真実告知

子どもの養育にもっとも大きな影響力をもつ家族関係は、その生涯のあらゆる場面にわたって影響するものである。

生まれる前から、望まれていたかどうか、生まれると、その物理的・精神的環境の善し悪し、成長するにつれては与えられる訓練と教養の差、成熟し、老いても引きずり続ける血縁という関わり……。

光の子どもの家は、与えられた条件の中で、可能なかぎり〈普通の家〉に近い建物と養育形態にしているとはいっても、もともと家庭そのものとは似て非なるものであることは当然である。

坪当たり四十万円という建築単価やさまざまの規則基準、実態を知らない役人の行政指導などの困難な条件で建てられた鉄筋コンクリートの施設。どんなに情熱があっても〈他人〉である職員という環境は、家庭や家族とは似ても似つかないものなのである。

だから、ど
うでもいいというのではない、だからどうするのかという意志的な取り組みが、その絶望的な距離をかぎりなく短縮していくのである。

子どもたちが学校や友だち関係などの交わりの中で、自分の生活している状況と異なる場面に立ち会うことが重なる。なぜなのかはうっすらと覚えていても、もどかしさを感じながら吹っ切れない疑問を自分の生活場面にもち始める。早い子どもで七歳ぐらい、遅い子どもでも九歳ごろには何らかの表現を始める。

＊

後宮《あとみや》春子は、四年生から五年生にかけて、集団への不適応や人間関係でパニック状態になることが多かった。お手伝いや学習場面で気に入らないことがあると、子ども同士ではケンカになり、大人へは口汚くののしったり、泣きわめくといった表現をした。何を言ってもダメでひたすらだだをこね、わめき散らし、誰の手にも負えなくなってしまうのである。

パニック状態になったら、関わらないでタイムアウトをとって静まるまで待つ。日常の関係の良い状態のときに、パニックの時にどんなに大変だったか、たとえば、嫌なことには言葉で抗議をするなど別の表現でするように、と伝えるようにしてきた。

そんなときに、春子の兄もそうなのだが、「自分が何でここで生活しなければならないのか」という疑問が出てきて、兄は誕生日のプレゼントに「家」が欲しいと言った。

この兄妹は、比較的裕福な資産家に生まれ、父が祖父から受け継いだ土地を利用して不動産業を始め、かなり手広く順調に展開していた。そして、行きつけのクラブで知り合った母と結婚し、彼らが生まれたのである。

ところが、母に経済感覚が乏しく、派手な性格で家事には向かなかった。父がそんな母に飽き足りず遊び回るようになるのに、そう日がかからなかったようである。

激しい性格の母と、甘やかされて育ち我慢することが下手な父との殴る蹴るの争いは、近所の人も介入を恐れ、警察への通報もしばしばであった。

子どもを連れての母親の家出はくり返されて、とうとうある夜、父が母を殺害するに至った。

春子たち兄妹が光の子どもの家に入所してきたのは、兄が七歳、春子が四歳のときであった。

立派な家には祖父が一人で暮らしていて、その周りに叔父さんたちもしっかり生活している。夏休みなどの帰省では、自分の部屋がそれぞれあって、何の不自由もなく暮らすことが可能なのに、なぜ自分は光の子どもの家にいなければならないのか。そのことが我慢ならない大きな不条理であった。

些細なことで春子はパニックになり、祖父宅に帰ってしまうことが起こった。心配した兄が春子を捜すうちに家に帰ったことを知り、家まで迎えに行ったことで新しい展開が始まる。

＊

家に帰ってしまった春子と兄への対応について職員会議を緊急に開催した。

兄もそうだが、春子にとって、なぜ自分が光の子どもの家で暮らさなければならないのかを、この機会にはっきりさせることが第一義である。

春子の入所の年齢が四歳だったこともあり、記憶には相当深く残っていたと思われるが、想像を絶する惨事のまっ只中で、そのことを理解することは不可能であった。何だかわからないが禍々しいことが起きて、春子をとりまく大人や状況がただならない様子だったことを感じていたのが精いっぱいだっただろう。事件後五十日しか経たぬ後の入所であったことが、特に情緒的振幅の大きい揺れの原因であることが当時の記録からうかがえる。

幼い時期の、できれば悪夢であってほしいと願うような事実の記憶は、あらゆる意味での人格形成に傷を残し、影響を与え続けているだろう。また、これからも、不断にその事件と関わり、影響を受けて生きていかなければならない春子と兄である。

事件とそれをもたらした家族関係は、彼らの生涯に決定的に影響し続け、誰にも乗り越えることなどできないだろうが、可能なかぎり乗り越えなければならない。そうあってほしいと願い祈るばかりである。

その事件が、その家族関係の細々とした部分が春子の記憶のもっとも深くに残されていたとしても、日常的にはそれには触れず、母は病気で亡くなった、父は仕事で忙しい、ということで対応してきていたのである。

春子がパニックを起こし、「こんなところ出て行ってやる！」と祖父の家に帰ってしまったことが表現しているのは、彼女の生活を形成するための私たちとの信頼関係がないということなのである。

祖父とのやりとりで、「学校を休んではならない」などの姑息な言い訳で春子を連れ戻しても、そこの部分がはっきりしないことには光の子どもの家で生活していくのは困難であること、些細なことでまた家に帰ってしまうだろうことを伝え、よく考えて対応しようと話し合った。

もちろん私たちの側に、養育的な関わりや生活形成、あるいは事柄への柔軟な対応や人格的応対などに落ち度がなかったわけではなく、行き届かないことだらけであったとも伝え、詫びたことである。

結局、春子にも、兄にももう一度入所し直すという手続きが必要だという点で一致した。私たちは祖父の家には駆けつけず、戻って来るのを待つことにして、近所に住む父の兄弟たちに集まってもらい、よく話し合うことにし、彼女たちは一泊することになった。

翌朝、祖父と叔父とが付き添って、春子たちはやって来た。

実家ではとても面倒を見れないことを子どもたちにもわかるように話をして、ここで生活する決心をもう一度確認した。

明らかにしなければならないあの事件と家族関係のことについて、祖父や叔父たちはたとえ彼女たちがはっきり記憶し、理解していたとしても、もう一度確認することや告知はできなかったと言った。春子と兄を残して、この時代が忘れかけたような実直な風貌の人たちは帰って行った。

私たちは、春子が十歳を超えたこと、兄は中学生でもあり、真実をお互いに明らかにするには、待つ時は残されていないことを確認した。


真実を告知することは、かなり危険な大きな外科手術に似ている。真実をどんなに洗練された混じりけのない言葉で伝えても、確実に傷を広げることになり、出血は避けられない。越える壁が高ければ高いほど、鍛えられる力は強くなるものであることなどを確認してどう傷口を塞いだとしても、ひどい痛みは耐えられないかもしれない。

また、あり得ないが、手術がどんなに完璧であったとしても、予後が大切である。看病が重要なのである。

看護は、あるときは薬や手術よりも重要な役割を担っている。痛みや不快に耐え、病や傷の治癒を待ち、快復する力を養い、そして、生きる希望を持たせる。

＊

真実を告知する前に、綿密な検討と確認をくり返した。

子どもたちはうなだれて並んだ椅子にかけた。私は一人で彼らの横に直角に座った。なぜ、ここにいなければならないのかを対話するように心がけてもう一度確認した。ここで数年生活してみて、ここよりも行きたい施設があるならば行ってもいいことをできるだけていねいに話したが、彼らはそんなものはないと言う。そして、施設にいるのがいやだという。それはそうだ、ぜひ施設で暮らしたいなどと願う者があろうか。

それでも、なぜここで生活しなければならないのかについて話し合った。

言葉を選び、親子はどんなことがあっても離ればなれになって暮らしてはいけないこと。自分が飢えても子どもには食べさせたいと、親は普通であれば願うものであること。きみたちもいつか親になるだろう、そのときには、自分の子どもを連れて児童養護施設の門を叩かないような親になってほしいことなどを話した。

そして、「そんなことはどんな親でも知っているし、そうしたいと願っている。きっと、きみたちの両親もそう思っていたに違いない。しかし、何かとても大変なことがあって、いっしょにいられなくなったのだろう。それはどうしてなのだろうか？」と考えるようにうながしていった。

兄は「知っている、お母さんが死んだからだ」と言ったが、春子は「わからない」と言う。どうして「死んだのか」については、やむにやまれない事情があったうえに、激情に流されたのであろうことなどを説明した。

入所して間もないころ、些細なことで「ぶっ殺してやるっ！」「死んじゃえ」などと怒鳴り、取っ組み合いの毎日だった。兄は、子どもたち同士の話で「オレのお母さん、お父さんに……だよ」などと、事実よりもひどい表現をしていた。春子にも、その記憶はあったのか、意識下に抑圧されていたのかもしれない。

帰省の折に、家族や親族がそんな話をしていたかもしれないし、お節介者が不用意に事実を誇大に伝えたのかもしれない。

このことを確認したときに、二人にはそれほど動揺やショックは見られなかった。だから、これからどうすればいいのかについて話を進めた。

兄もそうだが、特に春子は、カッとなってしたことで良いことなどひとつもなかったことなどを確認し、激情に流されないことが課題だとまとめた。

真実告知後は、一か月休み返上の担当者、職員たちの看病に任せる。祖父や叔父叔母にも可能なかぎりの来訪（お見舞）を事前に要請し、約一か月間の間接的も含めたスキンシップなど、看護を主体とする関わりを展開した。

きみに出会えてよかった

真実告知の瞬間というのは、子どものメンタルなポテンシャルが最低になる。しかし、手術時にできるだけ悪い部分を取るように、真実告知でもできるだけほんとうのことを包み隠さずに伝えたほうがよい。

そして、そこから「きみに出会えてよかった」という思いに、もう一度重点を移していく必要がある。きみと出会えてよかった。きみと出会えていなかったら、私の人生はないんだよ——そう子どもたちに伝え続ける。

イギリスの精神科医ウィニコットは、「原初的母性没頭」ということを言っている。恋に目がくらんだ乙女のようにお母さんが子どもに没頭し、母と子が一体になる時期を子どもが経験しないと、ひとりで生きていくことはできないかもしれない、と。

子どもが生まれてから半年くらいは、絶対依存の時期である。「絶対受容」しなければいけない時期に、殴られたり、蹴られたりした子どもたちが光の子どもの家にやって来る。だから、入所の時に大歓迎会を行い、「きみに出会えてよかった」と伝えるのだ。

光の子どもの家では、一回目の真実告知を七、八歳ぐらいで行い、それからの十年間は試行錯誤の毎日である。「きみに出会えてよかった」という、〈祝いとしての日常〉を大切にしているが、生まれてきてから喜ばれたことも、期待されたこともほとんどなかった子どもたち、そればかりか殺されかかった子どもたちであるから、なかなかそのメッセージがわからない。

しかし、十年間かければ、「生まれてきてもよかったのか」という感覚をもつようになる。それが十八歳の時期で、真実告知から十年後のことになる。なぜこの十八歳の時期にそう思えるようになるのかというと、それまでは子どもたちは後ろばかりを見ているからだ。「虐待があるのは知っている。でも、なんで私なの」「親といっしょに暮らせない子どもがいるのは知っている。でも、なんでそれがぼくなんだ」というように。そのような答えのない問いのなかで、彼らは悶々と生きている。

十八歳は高校三年生にあたる。就職するのか、進学するのか、と進路を考える時期である。この進路を考えるということは、後ろを見ずに、前を見ることである。高校三年生の子に、ほぼ進路が決まってきた秋ごろに、何気なく「生まれてきてよかったかい？」という質問をする。すると、「なんでそんなことを聞くの？」「あたり前じゃん」と、ほぼ一〇〇％の子が答える。

生んでくれた親から死ぬような思いをさせられた子どもたちが十八歳になるとき、「生まれてきてよかった」と思えるような、私たちの関わりの質をあげていかないと、そういった反応はかえってこない。

「きみに会えてよかった」とずっと関わり続ける。

〔一九九二年〕

II

#「光の子どもの家」前史

「光の子どもの家」が〝家〟になるまで

すべての人は生まれながらにして、人としての基本的人権を持つものである（日本国憲法第一一条参照）。しかし、子どもは自分の権利をその能力が不十分なため、自ら行使することができない。だから大人は、言葉の正しい意味でその子どものために必要な権利を確実に行使できるよう、誠実に助けなければならない。

憲法第二五条などによって規定された、すべての国民に保障された生活する権利も、特定の大人が子どもに代わって保障するのである。そのために児童福祉法などが制定され、それによって保育園、乳児院、児童養護施設など多くの児童福祉施設が設立、運営されている。

そのような法に基づく制度や政策は、完全なものにしていくように努めなければならない。法は政治が司り、制度政策は行政が行う。施設の運営は、公立の施設は役人によって、民間の施設は法人によって運営される。

光の子どもの家を設立するに至ったいきさつは、それまでの十数年の間に三か所の福祉施設ではたらいてきた経験によっている。それらの施設は利用者のためにというよりは、働く者やその代表者のために働いているのではないかと思われる状況が多かった。

ある児童養護施設では、子どもが友だちと遊びに行くためには、施設にほとんど姿を見せない施設長の許可と認印が必要だったのである。子どもが友だちと遊ぶのは、発達の点などから必要不可欠であるにもかかわらず、すぐに遊びに行くことができないという仕組みをつくっていたのだ。

このように、子どもたちは管理のために多くの規制の下に置かれ、その発達や福祉が大人の恣意によって阻害される日常だった。児童養護施設は子どものための施設なのだが、施設の働きの多くが、子どものために機能していることがまれであることを感じさせられてきた。

児童養護施設は、公の責任によって運営されている。

暮らし、いのち、生涯（Life）

光の子どもの家は、一九八五年に厚生（現・厚生労働省）大臣によって法人の認可を受け、地域の激しい開設反対運動を乗り越えて児童養護施設を開設したものである。光の子どもの家は、「子どものための子どもの施設の建設とその運営」をすることを目標にして、高名な設計事務所に所属する延べ十六名の設計士たちによって設計施工された。

子どもの多い家族のように、子どもと大人が暮らしを〝つくっていく〟ことが可能なように、建物完成時点がその建物の最高な状態ではなく、暮らしとともに成長していくような建物を考えていた。管理的傾向性を可能なかぎり排除するために、どこに立っても子どもの暮らしを一目で見渡すことはできないように設計し、子どものプライバシーを守るため、外部から子どもの暮らす場に入るまで複数の間に仕切を施す、子どもが友だちを遊びに連れてくることができるようなデザインなどの条件を、設計士たちに提示して、時には激しく議論しながらつくったものだ。

地域の反対運動は、当時の町に一つしかない中学校の校長以下の教師たちと、ＰＴＡが中心になって展開したものであった。その反対の理由は、児童養護施設の子どもたちによって教育環境が破壊される、というものであった。教育についてかなりの問題を抱えている地域であることが確認された。光の子どもの家が、この地域の教育や子育ての問題解決に資することで、この地域に根を下ろすことを決意したのだった。

地方の新聞が児童養護施設建設の反対運動の排他性を訴え、大きく報道したことで、光の子どもの家の開設問題は全国的な拡がりを見せた。それに呼応するかのように、地元の古老が駆けつけて、「何でも最初は大変だ。がんばれよ」と採れたて野菜を置いていってくれた。ある女性は、「こんな反対運動は恥ずかしい。なんとしても町の姿勢を正していきたい」と町への抗議運動を始めた。このように共助の心篤い地域であることも、大きな支えであり続けている。

これをきっかけに、光の子どもの家後援会が組織され、この小さな町に六百名の会員を得てもいる。また、マスコミが全国に報道したことで、支援者は全国規模になっている。

光の子どもの家には、「子どもは職場で育たない」というテーマもある。

国の制度は一九六〇年代までは、担当職員一名に七名の子どもをケアさせていたのだが、一九六四年にそれが六名に改善された。しかし、そのことにより、子どもたちの無断外出や施設内虐待が増加したという報告が相次いだ。それは、最初はやっと施設の条件が改善されたと喜んだが、改善された条件の果実を大人である働き人が独占してしまったからだと思われる。いわゆる「交代勤務」が可能になったのだ。

もちろん、さまざまな専門職が児童養護施設に入ることによって、メニューや関わりが豊富になったことは喜ばしいことだと思う。けれども、自分がやらなくても誰かがやるだろう、という子どもや職員同士にとって第三者的な態度をとる者が増えるなどが、不祥事のような状況の因とも思われる。

光の子どもの家では職員が増えた分、一人の職員が担当する子どもの人数を減らし、子どもが抱っこされる機会を増やしてきた。だから光の子どもの家では交代勤務を採用していない。暮らしの中の職場性は、可能なかぎり排除してきたのである。

「暮らし」はLifeである。Lifeは「いのち」である。いのちは輪切りにできないだろう。輪切りできるいのちを、私は知らない。また、Lifeは「生涯」ともいう。連続する不可分のものである。

はたらく者の権利とそこを暮らしの場として生きる子どもの権利とが衝突したとき、どちらの権利を優先するのか。それが児童養護施設に突きつけられていたのだが、全体的には誰もそのことを顧みることもなく、これまで来ているのである。

児童養護施設光の子どもの家は、これまでの児童養護施設に見習わないように運営には心してきている。いわゆる〝職場としての施設〟臭を排除してきたのだ。

家族と共に歩む

光の子どもの家では、家族と共同して養育に当たってきた。

この三十余年、虐待以外の理由で光の子どもの家に入所した子どもはほとんどいない。虐待は、子どもがその家族と一緒にいると、子どもの生命・身体の安全を保障できない状態である。だから、児童養護施設に入所してきたのである。

多くの児童養護施設は、子どもの暮らしている中に家族を入れていない。それは、虐待をした家族はその子にとって危険な存在であるという理由がもっとも多い。家族なり、友人なり、誰かと言い争い、激昂した経験は多くの人が持つだろう。そして時間をおいて鎮まると、何であんなことをしてしまったのだろう、と悔やむことになる。じつはこれが、虐待発生前後のほとんどの親の状態なのである。

この国に虐待という概念ができたのは、二〇〇〇年に成立した「児童虐待防止法」による。「虐待」という言葉としては存在したが、それまで公的な記録に児童虐待はない。つまり、虐待という公的な概念がなかったのである。親や先輩、教師などによって殴られた経験は、多くの者が持つだろう。それを〝虐待〟と言い習わすようになったのは、法が機能し始めてからなのである。

光の子どもの家には、虐待防止法が機能し始めて、マスコミなどによって世間を騒がせたひどい虐待事件に巻き込まれた子どもたちが多くいる。そんな子どもたちの家族の中には、刑事被告人となり、裁かれて服役し、社会に復帰している者もいる。

そのような親たちであっても、いや、そのような親だからこそ子どもたちに会いたいし、子どもたちは親と一緒に暮らすことを希求するのである。光の子どもの家では、そのような家族、特に親たちとの信頼関係づくりに力を注ぎ、関わってきた。

光の子どもの家で食事や入浴を共にし、寝かしつけて帰って行く親たちの表情の多くは、柔らかなものである。また、思春期にさしかかった子どもに、自分が服役していることを明かして詫び、「あなたはこうならないよう、大人の話をよく聞くように」などとしたためられた手紙を送ってきた親もいるのだ。もちろん、三か月と空けないで重ねた面会があってのことでもある。

また、ある大学で二コマ続きのゼミ形式の講義を受け持っていたとき、若い学生になかなか思いが伝わらないことを食事をしながら若い親に話したら、「オレが行って話そうか？」と言ってくれた親があり、実際に学生たちに向かって、児童福祉専門職としての心構えを自らの体験に基づいて涙ながらに訴えてくれたりもした。どんなに力を込めても私の話の時にはなかった静まりと真剣さで、学生たちはその親の訴えを受けとめてくれた。そのような関係にもなれるのが、人と人なのだと心から思っている。

子育ては、十八歳では終わらない。

児童福祉法によれば、児童とは「満十八歳に満たないもの」のことである（第四条）。だから、多くの児童養護施設では高校卒業とともに、あるいはそれ以前にも子どもたちがそこから出て行くことになる。

将来、プロのサッカー選手や野球選手になれるような、おおいに評価される能力を持つ者でないかぎり、十八歳で社会的に自立することなど、かぎりなく困難である。大学院を出ても自立の難しいこの時代のことを思えば、なおさらである。

私たちは創立以来、十八歳以後のことに心や経済など力を費やし続けてきた。看護師になると言って、医師会が補助している看護学校に進学した子どもが一年あまりで退学した。そのときに請求された返済金が二百万円を超えていたり、三年制の専門学校に進学した子どもの費用をその担当保育士が密かに負担していたり、留学を望んでいる高卒の子どもに、担当保育士が留学費用を負担して実現させたりなどの先行事例があって、光の子どもの家の進学基金が職員たちによって立ち上げられ、日本キリスト教団東大宮教会の有志が援助してくれてもいたのだった。

二〇〇九年秋、評論家の芹沢俊介氏を中心にした社会的養護のあり方などについての研究会の有志が、「光の子どもの家自立進学基金」を立ち上げてくれた。このおかげで多くの子どもたちが大学に、専門学校に進学し、卒業して社会に出発していった。今も二名が学びを続けている。

また、一度社会に出ても順調にいくことが多くないのはどこも同じで、出戻ってくる者が後を絶たない。彼らの疲れを癒やし、エネルギーを蓄えて再出発するためのはたらきも継続中である。

言ってみれば、この国で子どもを育てて社会に出すことの難しさは、児童養護施設にかぎったことではない。まだここに書き尽くせないさまざまなことが無数にある。もっとも弱いカテゴリーにある者の権利を守り、行使することに、これだけの人と場所とエネルギーが果てしなく要求されるのである。

はじめの一歩

児童養護施設「光の子どもの家」は、一九八五年四月開設予定で竣工を急いでいた。同年二月、突如として地元教育関係者を中心とした特大級の開設反対運動に巻き込まれ、開設のめどもつかないまま新年度になだれ込んでいった。

光の子どもの家は、マスコミの良心と多くの人々の善意の力によって、異様に膨らんだ反対運動と嵐のような妨害を乗り越えて、同年七月ようやく開設にこぎつけた。

テレビや新聞などのメディアによって伝えられたものの多くは、光の子どもの家が設立された大利根町（埼玉県）の理不尽と住民たちの頑迷を批判するものであったが、そのときにも、多くはなかったが町の心ある支援者たちがいたことを、この町の名誉と良心の証しとして記すものである。

共産党を含めた全町議、町行政の長から小・中の校長などの教育関係者まで挙げて、開設反対を唱えているときに、朝早くから深夜まで、激励や開設への方策などを共に考え、悩みつつのご支援は枚挙にいとまがない。

反対運動のさなか、この町の古老がおいでになり、「がんばってください。なんでも動き始めるときは大変なものです。舟でも自転車でも、漕ぎ出すときに一番力がいるでしょう。良い仕事をするんだからくじけないで」と、年金の一部を置いていってくださった。

「この町のしていることは間違っている。私たちは、一九四七年のカスリーン台風で大被害を受けたとき、みんな貧しかったが全国の人々から助けられた。今ここに施設ができたら、そのときの何分の一かのお返しができるというのに……」と涙ぐみ、採れたての野菜をどっさり置いていった初老の女性もいた。

開設の年のクリスマス・イブ。

「光の子どもの家」の暗くなった玄関に、両手にクリスマス・ケーキ数箱を下げた中年男性がうなだれて立っていた。

「何か？」と問うが、しばらく声がない。長い数分が経ち、その男性はようやく聞き取れる小声で、「私はここができることに反対した者だ。かわいそうな子どもたちにひどいことをした。申し訳ない」と、ぐしょぐしょの顔で答えた。名前は勘弁してくれと、持っていたケーキ数箱を置いて逃げるように去っていった。

開設後の町議の改選時には、執拗に反対と妨害をくり返した土建業者の町議は、たった一人の落選者に甘んじ、開設に向けて先頭に立って闘った女性が町始まって以来という最高得票で当選したことなどは、そのあたりの事情を雄弁に語っている。


開設の年から毎年十一月に、全国にわたる支援者に子どもたちや私たちの暮らしの様子を報告し、確認してもらうとともに、地域の人々をできるだけ招いて理解を深め、仲間に入れてくださったことを感謝し、おもてなしをする「感謝の集い」を開催してきた。最初の年、地域の方々には手を尽くしてお招きした。誰も来てくれないのではないかという心配をよそに、町長や町議会議長、地域の代表である区長や地元選出の国会議員、県会議員をはじめ、大勢の方々が参集してくださった。

二回目の「感謝の集い」のとき、反対運動の先頭に立っていたという、子どもたちが通っている原道小学校の当時のＰＴＡ会長が挨拶に立ち、「知らないこととはいえ、たいへん申し訳のないことをしてしまった。ここに深くお詫びする。ついては、これからは、この仕事のお手伝いをさせてほしい」と、百五十人を超える参加者を前に頭を垂れ、涙を流した。

その翌年にも、その次の年にもそのような人たちが数人続いた。その人たちや民生・児童委員や婦人会などの有志によって、「光の子どもの家後援会」を組織したいという申し出があり、私たちは喜んでこれを受け入れた。

この後援会は、子どもたちの通学区域である大利根町を単位にしている。

当初、開設反対運動は、非行児童がやって来るというデマが原因であり、村八分的な対応をされるほど激しいものであった。子どもの意識はその家族の意識を模倣して形成されることを考えると、直接・間接的に施設の子どもたちに不利益をもたらさないように活動内容や方法に細心の配慮を必要とした。

「光の子どもの家」の子どもたちが地域の子どもとケンカをした場合に、喧嘩両成敗ができるような公平な基準をまずこの地域の人々にもってほしいという願いを最初の課題にし、それが実現するまでは金品などの後援はご遠慮することにした。相互理解を深めるための交流や、「ふくしのこころ」の理解を進めるための啓蒙活動をその中心的な事業としてきた。現在、会員数五〇〇名に及んでいる。

「光の子どもの家」の最初の高校卒業生を送り出したその年、その「出発の会」に、教師たち、学習ボランティアや元職員などとともに、後援会の役員たちも駆けつけて、二〇万円の貯金通帳と印鑑をそれぞれにプレゼントしてくださった。これが、直接的な金品のご支援の最初である。

壊れる「家族」のありかた

ほんの少し努力しさえすれば欲しいモノはほとんど手に入り、そのモノに押し潰されそうになりながら、早く早くとせき立てられ、ゆとりを失う。不満やいら立ちが個人・社会を問わず、この国の生活に充満しているように思える。

豊かさの中の貧しさという状況は、傾斜角を拡大し続けている。その中で、確実に家族関係の力量は衰弱し続け、養育機能は時に喪失したかと思えるような例もまれではなくなった。

子どもが子どもを産んで、育てられないでいるような現象は、核家族というシェルターに隔離されて確実に増殖している。そして、テレビ等で行われる育児相談は盛況である。

地域社会での人々の孤立化は進み、離婚は増え続け、遊び場や時間を奪われた子どもたちが育つ環境は悪化の一途をたどっている。家庭ではギリギリ最低限の家族関係を保持している状態が深まり、些細なきっかけで崩壊する可能性を内包している。

両親の共働きなどで帰宅時間の不定な場合が増え続け、長時間保育所、学童保育等によるカバーも限界に達していると思われる状況にある。崩壊に至らないまでも、特に養育や教育などの重なり合う機能の領域での援助があるから何とかやっていけるというケースは、決して少ない数ではないと思われる。

そんな家族を孤立から救い出し、家庭と養育の問題への対応として地域援助システムをつくっていくことは緊要な課題である。

そのような課題への関わりは、その中心的な役割を児童養護施設が求められている。

現に生活している子どもたちの養育が十分になされる、という条件を留保しながらであることは言を俟《ま》たない。

この国に住む者にとって、社会福祉施設が必要なことは誰もが承知している。しかし、〝なぜこの場所になのか〟という不満もあるのだ。はっきり言えば迷惑に思い、そんな施設が近くにできれば、不快すらあれど何の利益もないと感じるのである。

施設が、その地域で子どもを養育していくときに重要なのは、何よりもその地域に同化していくことである。同化していくためには施設、地域両方からの接近がのぞまれるのだが、施設の規模を縮小し、普通の家族構成に近い形で地域に分散して住まうことがひとつのかたちである。私たちも、地域のアパートを借り受けて、一世帯五名の子どもたちと保育士一名がごく普通の暮らしを始めている。

もうひとつは、その地域が悩む問題の解決の力になることで、施設がやって来ても何の利益ももたらさないという概念を覆すことである。私たちは、かなり重篤な、あるいは崩壊してしまった家族の問題と取り組んできた。そこでのノウハウは、どこにでもある、いまだ崩壊に至らない軽度の家族問題や養育の問題の解決に必ず役に立てるはずなのである。

この町には四つの小学校と一つの中学校があるけれど、不登校の子どもや学校に適応できないでいる子どもの数は、少ないとは言えないようである。現に、私たちへの反対運動のもっとも大きな理由は、教育環境の保全というものであった。これは、裏返して言えば、決して良好な教育環境ではないと思っていることがうかがえる。

*

光の子どもの家設立後七年の間に、両親の離婚が入所の理由で、この地域の子どもを三人受け入れた。三人とも、父方が親権も子どもも引き取っていたが、母親の面会は、子どもの養育にとって不可欠であることを説明し、苦労しながらも承諾を得た。そして、重ねる面会で、父親と母親が出会うことがしばしばあった。

それぞれの情報をできるだけプラスイメージで伝え合い、そのうちに子どもを支点にして両親にもう一度やり直すことを勧め、考えさせる。子どもにとって、どちらもかけがえのない父と母であること。離婚のとき、子どもは喜んで賛成したかなどを確認しながら、自分たちのしたことで子どもが負っていることについて考えさせていく。

両親の実家を訪問し、父や母はもちろん、祖父母たちや親戚の同意をとりつけるなど、それぞれが復縁するのに三年を要した。家庭に子どもたちを帰せば問題が解決するわけではなく、その後の生活の具体的な問題について考え話し合い、嫁姑間の複雑な葛藤の関係の整理など、困難をきわめる関わりを続けている。

またあるときは、中学生女子三名が「家も学校もイヤ、ここにいさせて！」と、光の子どもの家に駆け込んできた。事情を聞き、彼女らの承諾をとりつけて学校、家庭にそれぞれ連絡して数日宿泊させた。そして、両親や教師に来てもらい、また学校や家庭を訪問して調整を重ね、長期欠席だった学校へ戻り、それぞれ高校へ通っている。

中卒の無職少年がふらりと来てボソボソ話し込み、それをきっかけに夕食などをいっしょにするようになり、出入りの職人に頼んで就職させた。

平均すると月に一度ぐらい、育児や養育、年度や学期の前後などに多い不登校などの教育的な側面の多い相談に向けて、地域養育支援プロジェクトチームを編成して対応してきている。

光の子どもの家の今後の課題は山積するが、不登校などの養育相談や、長時間学童保育、中卒、高校中退などの無職青少年問題など、地域も含めた子どもの問題を解決するための役割を担っていくことが、何よりもしなければならないことと考えている。

地域の問題に取り組むことは、地域の事情のプライベートな次元にまで関わることである。同時に、関わる私たちの公私にわたる全人格をさらすことでもあるのだ。自らを省み、技術を高め、知識を修得する努力を怠ってはならない。

四天王プラス一

児童養護施設光の子どもの家には、常勤・非常勤合わせて二十八名（二〇一九年現在）の職員たちが、潰され、傷つけられ、ひしゃげた心や体を引きずってやってくる子どもたちを、受け入れ、温め、ほぐし、緩やかに育む。真っ直ぐに大きくなりますように、と祈りを込めて。

そんな職員たちの中のもっとも年長は、通称・おばちゃんといわれる鎌田洋子である。

このおばちゃんは、クリスマス・イヴのキャンドルサービスで交わされる、子どもから大人へ、大人から子どもへのメッセージにこう書いた。

メリークリスマス！

毎年クリスマスが来ると思い出すことがあります。子どものころのクリスマスです。

私が五年生のとき、母は亡くなり、父は病気で寝たきりで、三年生と六歳と一歳の弟がいました。五年生の私は母親役で、三年生の弟は父親役で、囲炉裏に焚く木を拾いに行ったり、夜中に赤ん坊のミルク代わりに米の粉の飲み物をつくったり、凍った川の上に積もった雪をシャベルで掘り、氷を割って穴をあけてオムツを洗ったり、勉強がしたくても学校にも行けない寂しかった日々を思い出します。

今、光の子どもの家では、学校から帰った子どもたちを待って勉強を教えてくれる大人たちがいますが、私はみんなを見ていて、あんまりありがたく思っていないように見えます。

これは、たくさんの「もの」や恵まれすぎていることに満足してるからかなあって、思うことがあります。

私は、大人になって絵と俳句を教えてくださる先生が現れたので、勉強しなくてはと、一生懸命になれる幸せを身にしみて感じています。
本当に、こんな幸せを与えてくださる神さまに感謝できる心を持ちましょう。

彼女とは、前職場で出会った。いろいろなご苦労があるだろうが、細やかな心遣いやおっとりした態度などで、いるだけでホッとするような存在感のある人である。俳句をモノするにも長けていて、素敵な作品群がある。

ふらここや　叱りたる子を　膝に抱く
空けばすぐ　取り合ふ膝や　チューリップ
小雀の　なみだ大きく　描く園児
先頭は　いつものあの子　捕虫網
虎に吠え　檻《おり》を離るる　夏帽子
背なの子を　迫る日暮れや　赤とんぼ
子どもらの　喧嘩見ている　案山子かな

痛きほど　子を抱きしめて　冬晴れや
泣くときは　父呼ぶ子ども　冬の草
セーターに　身籠もる真似や　子をしまふ

などから、その人となりがうかがえるのである。

　このおばちゃんは絵も得意で、近郷の絵画展ではいつも上位入賞で、上野の美術館では展覧会に年に二回出展して入賞もまれではない。絵の好きな子どもたちを、自分の属している絵画グループに連れて行き、指導を受けさせたりもしてくれる。

　また、人と人との交差点のような人でもあり、人との関わり、すなわち人間関係をとても大切にし、多くの人材を光の子どもの家に招き入れてくれてもいる。


　そして、四天王である。

　四天王とは、子どもたちが付けたニックネームである。

　光の子どもの家は十二名の職員で、反対運動が異様にふくれあがった中で開設した。

　その反対運動は、「非行児童がやってくる」という施設関係者からＰＴＡや教師など学校関係者へ流されたデマが、地域の親や教育関係者を不安に陥れたことがもっとも大きな原因だった。

児童養護施設の開設認可と子どもの受け入れに至るまで、職員たちは、光の子どもの家の子たちが通う小学校区の中の約五百戸あまりを、ガリ版で児童養護施設の内容と光の子どもの家の養育のしかたを記した印刷物を携え、二人一組になって戸別訪問した。そして、打ちっ放しの建物の壁をサンドペーパーで磨き、入所してくる子どもたちを、期待と不安の中で迎えたのだった。

そんな経験をし、この家の歴史を創り上げてきた開設当初からの職員は、六名が今も残っている。その中に子どもたちを担当している保育士が四名いた。子どもたちがこれを呼んで「四天王」といったのである。

◆**竹花信恵**

竹花信恵は、現在担当を持っていない。光の子どもの家の施設長である。

竹花は、静岡県三島市で歯科医を営む敬虔なクリスチャンホームで育った三人きょうだいの末っ子である。

私が前職場の児童護護施設に赴任することになっていた晩秋、翌年度の人事考査があり、招かれて面接試問をしたのが彼女との出会いであった。

一九八三年、光の子どもの家の設立準備会を立ち上げた中心的な三名の中のひとりであり、設立者でもある。設立以来、子どもへの関わりについて激論を交わし、涙を流して自説を主張し、光の子どもの家の養育のあり方に決定的な影響を与え続けてきた者である。

非常に鋭いカンで、適切な状況への対応を可能にする行動力は抜群である。芯が強く、繊細な心配りができ、平時よりは乱世に強い女性である。子どもや職員たちへの心配りの周到さと、一度言い出したらきかないガンコさと、尽きることのない激しい情熱を内側に持っていて職員集団をまとめ、方向づけるリーダーである。

この仕事に関わった当初から、施設の改革を志し、良いと悪いを峻別する判断力をもって活躍した。

また、素敵な結婚をして子どもも何人か産み育てる強い意志を持っていて、姉上が着用したウエディングドレスを密かに保持していることを知ったのはもう二十年も前のことである。彼女の元同僚が、牧師の卵と結婚するのにドレスを着たいが、持っていないと悲しんでいたときのことであった。その媒酌を依頼された私がそのことを彼女に話をした。竹花は、建設中の「光の子どもの家」が建ち上がり、子どもたちを受け入れ始めて、どのくらい経ったら自分が抜けられるかをしばらく考え、かなり遅くなるだろうと結論し、相当な迷いを経て、そのドレスを同僚に貸し与えたのだった。

光の子どもの家設立準備のころ、前職場を辞して実家のある三島市立保育園の嘱託保育士をしながら計画に参与していた。

法人設立が当時の厚生大臣から認可された後の激しい事業開設反対運動の中で、創立の同志三名のうちのひとりであり、光の子どもの家では財務を担当している田中郁夫と共に毎日のように祈り続けた。その祈りの中で彼女は、「私の命と交換してでも光の子どもの家を開設させてほしい」と神に迫ったこともあった。

そんな彼女は、産んだ親から生命身体の危機にさらされ、心や体に深傷を負い、血を流し、押し潰されて、「愛」に飢え、さまよったあげく最後の身の置きどころとしてやって来る子どもたちの野戦病院のような児童養護施設で働き、授かったもののすべてを惜しげもなく捧げ尽くすために生まれ育ってきたように思えるのである。

◆倉澤智子

倉澤智子とは、湯河原の児童養護施設で出会った。

そこの当時の施設長は、職員集団を率いるリーダーというよりは、温厚な牧師であり、ひたむきで敬虔なキリスト者であった。その施設長の下で、ほとんど自由にそこの子どもたちの処遇や運営に関する部分を任せてもらって、私は自己実現できていたのだが、施設長を省みることが少なかったこともあって、彼の後事は、彼が洗礼を授けた、私よりもひとつ年下の者に託すことがはっきりした。そして私は、骨を埋めるつもりだったその施設を辞したのだった。

そのとき、何人かの職員がそこを辞めた。

後に、その施設は主導権争いが激化して労働組合が二つでき、その施設長から相談されて、ほかのところで働いていた彼の長男を説得して施設の指導員として来てもらうなど、相当な犠牲を払ったうえで騒動は収まった。私はその後の職員指導を依頼されて、その施設に通いながら光の子どもの家の設立準備を進めていたのである。

そんなときに、倉澤智子や山崎智子など、私といっしょにその施設を辞めた職員数名が、光の子どもの家で働きたいと言ってきた。

倉澤は、理論的なことよりは家事や料理が得意であるが、先が見えなく議論が混乱したときに、的確にあるべきところに引き戻してくれる。光の子どもの家で、子どもたちを育てるために生まれてきたような人である。

光の子どもの家では、二〇〇三年から始めた、町中の一軒家を借りて数名の子どもたちと普通の暮らしをするグループホームの責任担当者である。これは、大人も子どもたちとほとんど同じ条件で暮らすので、その暮らしを楽しめなければ続かない。そこにいるときは、労働だったり仕事だったりを意識していては潰れてしまうのである。

母親役や姉の役はもちろん、父や兄の役割までを一人格で、ある程度演じられなければ成立しない。男子指導員がサポートするが、いつもいるわけではない。そのサポートが来るまでは、子どもたちの問題を負わなければならないからである。

していいこととといけないこと、しなければならないことなどを整理して提示し、分別を伝え、暮らしの中でのもめ事や引き起こす違犯なども裁断して道理を教える。

四人きょうだいの長女として、単身赴任で不在がちな父親を持つ家庭で育ち、弟妹の世話まで母と共に担ってきた子ども時代が、そんな彼女の「強さ」を育てたと思われる。彼女の実家は楽しい家庭である。家族関係の希薄な亜希などは、社会人になっても自分の実家のように倉澤の実家に「帰る」のである。帰りたくなるような家なのである。そんな実家が彼女の働きを支えている。

これまで、光の子どもの家に、生後一か月未満の乳児を私的に託されたことが二度ある。一人は中学生が産んだ子どもで、資産家であるその家ではその子を育てられず、公にもできないというものであった。約一年、倉澤が育て、特別養子縁組によってその子は養女となっていった。

もう一人は、育児相談に来た夫婦が置き去った一か月未満の乳児で、その子も倉澤が育てた。児童相談所にその赤ん坊の存在が知られ、乳児院に入れられそうになって、支援者の弁護士や実家と相談し、倉澤はその子と養子縁組して二人は親子となった。社会的養育の究極的なあり方のひとつを示したといえる。グループホームのお姉さんたちにも愛されながら、利発で愛らしい幼稚園児に成長している。

◆岩崎まり子

岩崎まり子は、光の子どもの家以外の児童養護施設はもとより、ほかの職場を知らないひとりである。今では少なくなった名人気質の職人である大工の父とそれを内助する母との間の長子として育った。

想像力があらぬほうに肥大していくのは、父上からの影響だろう。おもしろおかしい話題を次から次へとくり広げ、とどまるところを知らない特性がある。

学校の改築をしていたとき、子どもたちがボール遊びで仕事の邪魔をした。子どもたちが放置したそのボール数個を屋根裏に入れて、そのまま天井を貼ってしまったことを、家に帰ってきて子どもたちに愉快そうに話す父上である。

また、彼女が小学生のとき、五十一から九を引くなどの二桁の引き算を、父から教えてもらっていたそうだ。十の位から一を借りて十一から九を引くのだが、そのとき父上は、「借りたものは返さなければならないんだよ」と教えてくれたという。わけがわからなくなった彼女のそのときの算数のテストは全滅で、「それ以来、算数、数学などが苦手になってしまったんです」とおもしろそうに話す。

彼女は、どちらかといえば理屈屋さんである。理屈が通れば、たいていのことはできる。しかし、暮らしは理屈どおりにはいかない。とりわけ、子育てなど理屈とは反対側にあるといってもいいのである。ただでさえわからないことだらけの関わりだから、彼女の悩みやストレスは相当なものだろうと思える。

そんな岩崎が最初から育てたのが萌季《もえぎ》である。母親よりも母親らしく彼女と関わり、萌季が幼いころから小学生までは実家に「帰省」させたり、休日に遊びに連れ出したりして育ててきたのである。萌季の留学費用は、彼女が貸与していることで実現しているのである。

岩崎には地域からの縁談が相当数あった。そして、光の子どもの家が開設されて六〜七年経ったころ、理事会で「働いている若い女性たちのこれからをどうするのか」という議論があった。

何とか結婚ができるようにはならないか、ということについて話し合ったのである。結婚することについてはむしろ、彼女たちに勧めていることや、地域からの縁談もあることなどを報告した。そして、各役員たちがそれぞれ良縁を提供するために努めるということを確認したのだった。

しばらくすると、相当数のもったいないような縁談が、履歴書や写真と共に寄せられたのである。そして、竹花や岩崎などにもその話をした。

そのとき、岩崎は最初は笑い流していたが、私が本気で勧めていることに気づき、「先生、肩たたきだったらもっとうまくやってください。もし私がここで必要なかったら、そう言ってください。必要ないのにいることはしません。私は自分の生きることは自分で決められますから」と、憤然と言い放ってドアを閉めたのだった。他の職員も大同小異であった。そのことを理事会で報告し、紹介の労を感謝した。

それ以来、縁談の取り持ちはしていない。

◆池田祐子

池田祐子も、光の子どもの家以外児童養護施設はもとより、ほかの職場を知らないひとりである。彼女は、弘前学院聖愛高校を卒業して、十八歳になってすぐ光の子どもの家にやって来た。

イラストや絵が得意で、機関紙「光の子」の挿絵やイラスト、四コマ漫画を連載中である。高校では空手部で活躍し、初段の腕前である。

年齢の若さを感じさせない落ち着いた物腰は、苦労を重ねた母子家庭の長女だったこともあってのことだろう。

光の子どもの家が開設後十年を過ぎた時期から、いつも表には出ないが、あたり前のように働きの欠けているところをそしらぬ顔でしっかりサポートしていて、彼女のいる家でいっしょにグループを持っている職員からありがたがられるようになってい て、今もそうである。光の子どもの家にはなくてはならない、大黒柱のような存在に なっている。

ただ、気に入った歌に自分勝手な歌詞を思いつくままにつけて、お勝手仕事をしな がら唄いまくり、子どもたちからひんしゅくを買うこともあるのだが……。

開設二年目ぐらいだったと思うが、若くしてこの世を去った人気歌手であった尾崎 豊にはまってしまい、彼のコンサートの追っかけ状態になった。その当時、光の子ど もの家が始まって、子どもとの関わりを手探りで求めていた時期である。連休などは とてもとれなかったので、大阪のコンサートに彼女は日帰りで出かけていった。

ところが、コンサートは盛り上がり、予定の終了時間をかなりオーバーしていたよ うだ。終わって急ぎ駆けつけた新幹線は、名古屋止まりの終列車だったのである。彼 女は焦った。えい、ままよ！　とばかり、名古屋からタクシーを飛ばしたのだった。

その翌日は職員会議であった。光の子どもの家の職員会議は、月・金曜日に全職員 参加で行うもっとも大切な会議である。それに遅れたり欠席したりすることなど、一 番年少でもある自分には許されないことと思ったようだ。

急ぎに急いでタクシーは走ったが、手持ちの路銀を過ぎ越すわけにもいかず、彼女は藤沢でタクシーを降りて、ＪＲを利用して光の子どもの家に着いたのは、午後のおやつの時間だったのである。

開設以来、少ないが夏冬のボーナスを職員たちに支給することができている。いつもそうなのだが、職員たちの中でそのボーナスから、進学資金や退所した子どもの後保護などのためにと、寄付をしてくれる者が少なくない。

池田祐子は凄まじいのである。支給したボーナスの一桁台の万円台以下を自分のものとして、十万円単位のものは寄付するのである。そのたびに、心配顔で田中郁夫が相談に来る。「祐子さんに自分の生活のことも考えるように言ってください。できれば何分の一かをいただいて、後は返してもらえないか」と。

これも試みてはきたが、「私は大丈夫です。赤の他人である人たちに募金をお願いしているのですから、私も……」と。返すことができたことはない。

いっしょに祈りながら光の子どもの家を計画し、設立の労を惜しまなかった田中郁夫や、このような職員たちの熱い志によって、児童養護施設光の子どもの家は支えられ、運営され続けてきているのである。

婦人保護施設での出会い

　無力で何の知識も技術も持ち合わせていなかった若く貧しい私を、当時、都内有名私立大学助教授で後に名誉教授となる佐藤信先生が、物理学教室の助手に取り立ててくださったのは、一九五九年四月のことだった。

　私は自分の無力を省みることもできず、傲慢を衣とし、学生たちの物理学実験の指導に明け暮れていた。そのころ同時に、日米安全保障条約制定に関わる激しい政治の波に呑み込まれていったのだった。

　そして、翌一九六〇年六月、安保条約反対運動は多くのエネルギーと若い命を奪って終局した。反対運動に身を投じた者たちに「挫折」の季節がおとずれ、その流れのある者たちは、「帰郷運動」や「底辺」へという道筋をたどった。

その大学でも、大同小異の様相であり、底辺を目指した者たちが身辺の多勢であった。当時、設立間もない婦人保護施設に、奉仕活動というボランティア活動に、大学を休学や退学して文字どおり挺身した者たちも、少なくはなかった。

そんな学生たちの運動の流れに巻き込まれるように、私も婦人保護施設「いずみ寮」を訪ね、夏の数十日をそこで過ごした。

婦人保護施設「いずみ寮」

婦人保護施設は、一九五七年に成立した売春防止法を根拠として、売春に関わっていた女性たちを保護し、社会的自立を目指す施設であった。そこでは、想像を超えるドラマがあり、その衝撃にめくるめくような日を重ねたのである。

＊

ある日、四十代半ばの女性が若い仲間と無断外出した。数日後に、あまり名誉ではない性病の検査と治療を施したうえで、施設に舞い戻って来た。

その施設にも、立派とはいえないが入浴の設備はあった。しかし、大半はそう遠くないところに新しくできた銭湯に行きたがったのである。開業当初その銭湯は、施設の女性たちが入場するのを嫌がっていた。そのため、彼女たちは健康な体であり、性病の感染対策はきちんとしているなどよく説明をして、受け入れてもらっていたことなどもあって、かなり厳重に対策を実施していたのである。

そんなことから、三十代前半の寮母が、無断外出から戻ったその女性に、かなりきつめで少々長い注意や叱責をしていたのだった。

そのうち、その女性は、「おい、てめえくどいんだよ！　おまえに何がわかるんだ。おまえはどんな苦労をして生きてきたというんだ。体を売らなければ生きられない者の気持ちがわかるのか！　おまえ、できるか？　そんなこと。偉そうにグズグズ言いやがって！」と激昂した。

寮母も負けてはいなかった。言い合いは激しくなって、言い負かされそうになった女性の怒りや興奮は頂点に達し、「てめぇ、ぶっ殺してやる！」と叫んで、自室から剃刀を持ち出し、その寮母に襲いかかろうと迫った。寮母は逃げ出し、ほかの職員は、逆上しているその女性を追ったが、鋭利な刃物を振りかざしているので取り押さえることができないでいた。

その施設はコの字型に建てられており、真ん中に事務所など管理部分があり、どちらに逃げても行き止まりになっていた。女性たちの細長い居室の入り口側を通る廊下を走った寮母はすぐに行き止まりに追い詰められた。怒りくるった女性は、自らが持つ鋭い刃物に刺激されて昂《たかぶ》りはもう沸点を超えたようだつた。

あわや、惨劇という瞬間、その寮母はくるりと向きを変え、激昂している女性に向き合ったのである。誰もが息を呑んだ。

「いいわ、私の命をあなたにあげる！　その代わり、私の分もちゃんと生きてちょうだい！」

寮母は、決意に満ちた表情でそう言い放ったのである。

その瞬間、あたりは厳粛な雰囲気で満たされた。

すると突然、その女性は、「うわーっ！」と、叫びとも悲鳴ともつかない声を上げてその剃刀を振るい上げ、いきなり自らの眉間のあたりから頬にかけて切り下ろしたのだった。

あたりに血が飛び散った。女性の顔にタオルをあてがう者、救急車を呼ぶ者など、しっかり打ち合わせをしていたようにみんなは必要な動きをして、その女性は寮母につき添われて救急入院していったのだった。

幸い急所はそれていて命に別状はなかったが、相当な重傷であった。それから、その寮母は彼女が退院するまで帰らずつき添い看病し、相当な日数を病院で過ごした後、その女性と施設に戻った。

戻って来た女性は、「私を利用し、だます者しか周りにはいなかった。しかし、この寮母は、私に命をくれると言った。こんな人と生まれて初めて出会った。この人のためなら何でもできる」と言って、その生き方や人格までが真っ直ぐに変えられていったのであった。

失うものがほとんどなく、些細なことでも命に関わり、命を捨てることで自らの存在を証明しようとでもするかのような彼女たちの「生活」は、こんなに激しいものはそう滅多にはなかったが、命のやりとりに関わる傾向をいつも持っていた。

このように、上向きな結果を得るのはほとんどまれで、多くは悲惨な結果になるドラマがほぼ日常的に展開していたのだった。

そんな日々の中で、私は、実力など何もないのに大学で偉そうにしていた自分のしていることや、生きていることそのものの意味がわからなくなってしまった。とうとうその年度の終わりごろに大学を辞して、引きこもり状態に落ち込んでいったのだった。

彷徨《さまよ》い

粗末な間借りの部屋で、雨戸も開けず、文学書や哲学書などを読みふけって半年も過ごしてしまった。

それから、アルバイトをしたり、思想の科学事務局長から編集者となって出版社を経営しながら良寛の研究にのめり込んでいった松本市壽《いちじゅ》氏と、「埴生社」という廃品回収業を興したりして、「やまぎし会」「新しい村」、カトリックの修道院、禅寺などを訪ね歩いた。

そして、自分の高校時代の教師として出会って以来、今もお世話になっている嶺尚氏と語り合って「日本福音共同体」という、祈りと奉仕に生きるという目的の、何とも奇妙な団体を創って、また婦人保護施設「いずみ寮」へ入り込むことになったのである。

いずみ寮に本格的に入る前に、いろいろ考えあぐねて、もう一度大学で勉強をし直して僻地《へきち》教育を志そうと思い立ったのである。いずみ寮の創立者であり、社会福祉法人ベテスダ奉仕女母の家理事長であった深津文夫牧師に話を聞いてもらった。

話を聞いた深津牧師は、「日本に今ある多くの物理的僻地は間もなくなくなるだろう。しかし、それに反比例して数倍にふくれあがる、人々の『こころの僻地』は凄まじくなるだろう。そんな人々のためにきみの人生を遣うことは考えないかね」と言われたとき、背筋がしびれるような衝撃を覚えた。

そのことが決定的になって、婦人保護施設「いずみ寮」の指導員に取り立てていただいたのだった。

＊

婦人保護施設で暮らす人たちの中には、能力や若さも含めて力はあるが、社会へなかなか出ていけない人たちの一群がいた。不思議なことに、ある一定期間の訓練に耐え、ほとんど一般の生活ができかかっているその時期、すんでのところで無断外出し、新宿で一週間ほどを過ごし、どろどろに汚れて、そのほとんどが警察を経て、性病の検査など晴れがましくない手続きをして帰ってきた。

そんなことをくり返し、施設の真面目な若い子を連れ出して新宿に行ったことをとがめられ、それを苦にした柴田さんという二十代半ばの女性が鉄道に身を投げて命を絶った。それは、わずかではない関わりをしていて、同じ世代の後半を生きていた者としては耐え難い衝撃だった。

それがきっかけで、調書を調べてみた。なんと、ほとんどそのグループにくくられる人たちは施設、それも少なくない割合で児童養護施設出身だったのである。

葬式で出会った柴田さんの兄を山梨県に訪ね、柴田さんの生い立ちとその周辺を確認した。

生まれて間もなく両親は離婚、乳児院から児童養護施設を経て中学を卒業したのだが、中学ぐらいから非社会的な言動が多く、友人もほとんどなかった。就職した先を飛び出し、喫茶店やバーなどを転々とし、婦人保護施設入所となったものであり、彼女の生涯の大半が施設暮らしだった。

この数年、そのころの何もわからないで、ただ夢中で関わった多くの女性たちのことが思い出され、心にかかっていた。何人かの精神科医、心理療法家などの専門家に、その当時の女性たちとのやりとりや、乱暴でつたない関わりなどを赤面しながら話した。

やっとあと一息で社会復帰のところまで来るのに、なぜ彼女たちは新宿に走り、自らを汚し、社会への道を遠ざけることをくり返していたのだろうかという疑問を、当時の書きなぐった古ぼけたメモなどを引っぱり出し、怠惰、マイナスへの連帯意識、意欲喪失、ひがみ、あきらめ、失望などの考えられる言葉を駆使して、問いかけながら考えた。

彼女たちは、本当に大切なことを大切に思えず、時には喜怒哀楽さえ人と共有できなかったのである。寂しい時に寂しいと言う、自分をあたり前に表現しないかあるいはできず、「私のことなんか、誰にもわからないのよ」「ほっといてよ」「関係ないでしょ」「どうせ」などの、ネガティブな言語をいつもまとっていた。

そしてもう一つ、彼女たちにとって決定的に思えるのは、〈普通〉の親子関係や〈暮らし〉の経験を、全くと言っていいほど持っていなかったことである。その出生は言うまでもなく、胎児の時から歓迎されず、これまでの人との関係に〈愛〉がないか、あっても相当貧しく、生まれも、ハイハイするようになっても、立ち歩くようになっても誰からも、誉められも喜ばれもしなかっただろうことが想像される。

このようにして、命を司る性さえも売り渡し、捨てるに惜しいものなどを持ち合わせていないような女性たちとの関わりは、終末論的な真剣さを要求されるものだった。そこで過ごした数年の間に柴田さんを含め、二人が西武線に身を投げて自らの命を絶った。その事件に少なからざる関わりを持っていたので、そのたびに、自らの愚かさや至らなさを感じて「ふさわしくない者」であることを痛切に知らされたのだった。そんな状況の中で、それでも自分が自分らしく生きることを求め、自己実現と他者の実現が重なるような生き方を求め続けていた。

その施設でいっしょに労し、莫逆《ばくげき》の友となった野崎忠郎と語り合って、国立教育研究所長の上原専禄《せんろく》氏の自宅まで押しかけて、「自分はどう生きたらいいのか」などと迫ったりした。上原先生は、お蕎麦をとってくださり、「与えられた条件の中で精いっぱい生きることが大事なことだろう」との助言もいただいたのだった。

いずみ寮の経営主体の社会福祉法人ベテスダ奉仕女母の家は、千葉県館山市の郊外に固有地の払い下げを受けて「かにた婦人の村」という、そこを必要とする女性たちの終生の暮らしを保障するための施設を建設した。そして、開設運営するために深津牧師はいずみ寮からそこに移動された。深津牧師の後任として、日本キリスト教団荻窪教会の福島勲牧師が着任してきた。

この人との出会いが、私の人生を決定したのである。取り立てて説教じみたことを教えていただいたのではない。その人の生き方がそのまま私たちに語りかけるのである。飄々《ひょうひょう》としてつかみどころのなさそうな物言いや立ち居振舞いの中に、しっかりと一本筋が通り、人の心をとらえて放さない魅力の固まりのような存在だった。

真に迫る信仰とはこういうことなのだろうと、私や共にいる者たちは納得したのである。私の彷徨《さまよ》いの時代は終焉し、本当の意味で人との関わりを追求する出発が実現したのだった。

それから現在まで、福島先生とは四十年におよぶ公私にわたる関わりをいただき、光の子どもの家の設立準備から初代理事長としてご心配ばかりおかけし、二〇〇二年十月に天に送ることになったのである。

佐藤信、深津文雄、福島勲という大きな人たちとの出会いが、若い貧弱な私の彷徨いの時代を鮮やかに彩り、豊かにしてくださった。お三方とも、もうこの世にはいない。

私に与えられたもの

社会的な役割を担う者が私生活をさらけ出すことは御法度と思ってきた。

ところが、出講していた大学の学生から、講義のシリーズの終わりごろになると「先生は結婚しているのですか」などと質問されたりしていて、結構、ほかの人たちは私たちがどんな思いや暮らしをしているのかを、めずらしい生き物を見たがるように、興味をお持ちになるようであることに気がついてはいた。

人様にお見せできるようなものではないが、少し取り繕って記すことにする。

一九六八年九月、私たちは結婚し、一男一女を与えられている。

児童養護施設で指導員や保育士、調理師、栄養士などの職員の役割としては、普通の家庭の父親や母親など家族関係を失った子どもたちに、同じものを提供することであり、時間としては、子どもが起きて寝るまでの間の子どもがいる時間である。おはよう！　などと声をかけて子どもたちを起こし、支度や登校の準備、そして朝食、学校や幼稚園から帰ってくる子を迎え、受け入れ、宿題をこなし、遊び、夕食、入浴、団らん、就寝の添い寝などである。もちろん寝てからも寝冷えの予防やトイレなどに心配りが必要である。これは、自分の家庭が要求する役割や時間と重なるのである。

施設では、ボランティアや卒園した者たちとの関わりなども大切なものである。おまけに、こんな子どもに関わる仕事をしているところから、親類縁者から、普段は「物好きな奴」などと思っているだろうに、「この夏休み、うちの子どもの勉強を見てくれないか」などと依頼され、決して少なくない数の子どもたちを預かったりもしてきた。そんな子たちももう立派な大人である。ひとりで大きくなったような顔をして。

＊

妻が長男を身ごもっていたころは、ボランティアの学生や社会人たち、施設を卒園して社会人になって間もない若い人たちが、小さなアパートに押し寄せてきた。卒園して職を失い、施設に戻って来た青年たちがほとんど切れ目なく私たちの家にやって来て、家族のような振舞いをしていた。大きなおなかで寝ている妻をまたいで、私の生活拠点であり、食事場所でもある奥の六畳間にやって来て、夜明けまで議論し、酒を飲んだのである。

また、彼らや彼女らは、狭すぎる私のアパートを何とかしようと、空き家になっている農家を借りてきて、手を入れて、相当我慢すれば住めるようにして、引っ越しまで手伝ってくれた。

彼らのある者は、私の家から政治デモに出かけ、ある者は大学に通い、ある者は仕事に出かけて行ったのである。だから、あまりプライバシーなどは意識しなかった若い時代であった。そして、子どもが与えられると、私生活でも施設と同じような要求が厳しく重なる。

児童養護施設の子どもたちと朝食を食べ、家にとって返して自分の子どもや家族とまた朝食をとる。そして、夕食も同じように施設と家とでとり、その夕食時にボランティアや卒園生がやって来るというくり返しであった。

上の子が言葉を覚え始めるころ、やって来る剣持岩夫という学生などは「創、さよなら」と言ってやって来て、「こんにちは」と挨拶をして帰ったり、氷に触らせて熱いと教え、マッチを擦っては冷たい！と叫び、子どもが混乱するのを喜んだりした。

一九七二年、下の女の子が予想もしなかった何百万人に一人という心臓障害を持って生まれてきて、私たちを深刻な悩みに陥れた。「なぜだ！」という不条理を嘆くことから、「引き受ける」という思いにたどり着くまで、半年を超える相当な煩悶《はんもん》があったのである。

三歳児検診のとき、妻がまだオムツをして哺乳瓶を抱え、小さな赤ん坊のような娘を抱っこして、私の運転でその会場に着くと、かわいくスキップなどをしている女児を見て、「あんな子だったら」と泣いた。そのとき、「では、あの子と取り替えっこしようか。私が交渉するから」と言うと、妻はなお激しく泣いて、「そんなことできない。いずみは私たちの子です」と言ったのであった。

何ができるかできないかではなく、「命をもって生まれてきた子どもを引き受け、受け入れ、愛すること」をこの子から教えられたのである。それが、光の子どもの家に、「措置変更」（児童相談所等の判断により子どもが生活する場所を変更すること）がなく「解雇権」の行使がいまだないことにつながるのである。

また、かなり深刻で難病の心臓障害だった娘は、風邪を引いただけで命に関わるものだった。細心の注意を払い、もっとも安全な快い場所が彼女の居場所だった。もっとも弱い、小さな者を一番大切にすることも、彼女から教わった。

彼女が六歳のとき、心臓にメスを入れた。それまで、私たちが「先生！ どうにかしてください。手術でも何でも！」と発作でぐったりする娘を連れて、病院へ駆け込んでも手術が行われることなく、医師のほうから、「手術をしませんか」と言われる時は、娘は愛らしく元気な時であった。だから、もしものことを考えると手術する決断ができなかった。

数回にわたる麻酔科や内科、外科など関わる医療分野のていねいな説明を受けて娘を手術室に送り、帰ってくるまでの十時間を超える時間の長かったこと、苦しかったことは今でも鮮明だ。できれば私の命を娘につないででも助けてほしいと祈り続け、胸が詰まるほどの苦しみを覚えた時間でもあった。

親子関係のかけがえのなさや、共生関係を具体的に知らされたのも彼女からである。光の子どもの家の設立準備のとき、私は県庁や厚生省からいつ呼び出されてもいいように、休みが取りやすいトラックの運転手をして、家族に必要な経済を得ることにした。

長男が中学二年生の時である。長女は、学校の協力を得て普通学級に通学していたが、入浴や食事など手助けが相当に必要だった。妻もそのころ、病院で働いてくれていた。

私が夜中に出て翌日帰るような運転手で、妻も宿直が多い勤務だった。だから、長男と長女だけで一夜を過ごすことはめずらしくなかった。長男は長女の食事や入浴を手伝い、学校の準備をしてやり、その世話いっさいをしてくれた。あたり前のように。

長男にある優しさやグレたりしなかったことも、長女がいてくれたことに依っているのではないかと思ってきた。

＊

長男が四年生の夏休み。「創、今年は新島に連れていくからな」と私が言った。長男は、みるみる顔を真っ赤にして激しく泣き叫んだ。「また学園といっしょだろ。ぼくは学園の何だよ、付録みたいじゃないか。お父さんは、ぼくたちだけには何もしてくれないじゃないか！」と。

何も言えなかった。

夜遅く帰った私に、妻が泣いて訴えた。

「あの子が私に、クソばばあって言ったんです」と。

私は笑って取り合わなかった。成長の過程にある一過性のかわいい反抗なのだということを、もっと激しく身を滅ぼしかねないほど痛切に表現する子どもたちから教わっていた。

また、そうでなくても家にはほとんどいない私なのだが、光の子どもの家が立ち上がり、激しい反対運動もあって失敗を許されなかったこともあり、もっと家にいない日が続くことになっていった。

子どもの成長はそんなことに関わらない。

夜遅く家に帰った私に、妻が報告した。

「創が、〝どうしてうちのお父さんは家にいないの？　相談したいことがあってもできないし、○○くんのお父さんはいろいろな所へ連れて行ってくれたし……〟と聞いてきましたよ。」

それで、と問うと、「〝お父さんはね、子どもの家に献金したの。献金したお金はあてにしたり、使ったりできないでしょ？　だから、光の子どもの家のお父さんなんだよ。でもね、子どもの家の子どもたちには、お母さんもお父さんもいないんだよ。創たちにはお母さんがいつもいるでしょ〟と言ったら納得したようでした」と。

ありがたかった。

家族の原風景

私は一九三九年初冬、秋田県の片田舎に六人きょうだいの四番目に生まれた。四番目だが、真ん中に生まれたと自認している。なぜ真ん中かというと、兄弟姉妹がみなそろっているのが私一人だからである。私は兄が二人、姉、妹、弟それぞれ一人ずついる。

私が物心ついたころ、きょうだいの数がさして多いと思ったことがない。それがあたり前と思ってきたからである。後でものを考える年になって、〝産めや増やせ〟で生まれたのだということに思い当たるのだったが。一九六〇年代の新聞に「全学連産めや増やせで　生まれた子」という川柳が載ったことがあり、今でもうまい作だと思っている。

小学校に上がる少し前に、埼玉県から遠い親戚一家が疎開して来た。その家族は子どもが四人いた。その中に同じ年の女の子がいた。その子といっしょに小学校に入学したのが敗戦の年のことだった。小学四年まで、本校から約四キロ離れている分校に通ったのである。

疎開して来たのは、集落六十軒ほどの中で私の家だけだった。

父親はいわゆる怖い人だった。父が家にいるときは、できるだけいっしょの部屋にいないで避けていた。きょうだい全員がそうしていた。その父がよく言っていたのが、

「誰がやっても悪いことは悪いことだ。もしそんなことがわかったら、決して赦さないからよく覚えておきなさい。」そんなことを言う時の父は、ひとしきり怖かった。

悪いことに、秋田の片田舎でも盗みが多かった。戦後すぐの物資がない飢餓時代のことである。飢餓は身をもって経験したので、戦争は嫌だということは頭で考えたことではなく、身に染みている情念でもあった。私の思いの基底にある反戦感覚は、このように形作られてきたのだろうと思う。

何しろお腹がいつでも空いていた。俗に夫婦喧嘩は犬も喰わないというが、犬はいつでも食べ物をその鋭い嗅覚で探しているように見えるので、そう言われているのだろう。飢餓状態の犬そのものだったように思う。

小学三年生のころだったと記憶しているが、そのころ群れていた悪童どもとガキ大将だった私が、近所の家の桃をかなり盛大に盗んで食べたことがあった。ジューシーな桃は、飢餓そのものの私たちを満腹させた。そのことが明るみにされて、父は悪鬼のごとき形相で私を怒り、怒鳴り、叩きのめした。そして、家から放り出された。

「誰がやっても悪いことは悪いこと」を身に染みて伝えられたときだった。

人に迷惑をかけてはいけないことも、小学生だったころ、父から具体的に伝えられたと思っている。小学四年生のとき、学校の帰り道に友だちと悪ふざけをした。そのころ、「姿三四郎」という映画を学校で見た。なにしろ血沸き肉躍る活劇だったので、とてもあこがれたものであった。〝ヤマアラシ〟という技が、三四郎によって編み出されたという話は今も鮮明だ。

学校の帰り道、友だちに背負い投げを食わせようとして相手の手を取り、腕を反対に肩にかけて投げようとして相手の手を折ってしまった。これは、わざとしたことではなく過ちだったことから長い説教で終わったが、どんな意図があっても人に迷惑をかけたのは悪いことだといって、正装した父が友だちの家に行き、誠実に謝罪してきてくれた。このときも、私は泣き崩れた。あの恐ろしい父が、人の家に正装で謝りに行ってくれたことがうれしくもあり、自分の過ちになすすべもなかった自らを省み、情けなくもあったことである。

母は今でも私の中で生きている。優しい母であった。幼少期の私は虚弱であった。三歳のとき、ジフテリアにかかり、今も親しくさせてもらっている仙道理事の父親が町の医師で往診に来てくれた。そのとき、おそらく強心剤と思われるが注射を二度して、私が仮死状態からよみがえったという話は、みんな知っていて、特に母から耳にタコができるほど聞かされてきた。

当時は、子どもの死亡率が高く、私はうまく育たないだろうとみんながあたり前のように思っていたようだ。そんな私に、母はいつも、「力や体で生きていくのは難しいだろうから、勉強をきちんとしなさい」と、これも耳にタコができるほど聞かされた。精いっぱい私もそう信じて、勉強は手を抜かないようにしてきたが、父は「そんなんでは生きていけない」といつも怖い顔で言っていた。

そんなある日、宿題をやっていたら、父が見てくれた。すると答えが合っていなかったため、こんなことでどうする！と怒り出し、殴られそうになったことがある。そのとき母が、「この子は誰よりも勉強してきた。それを知らずにそんなに怒らないでください」と泣きながら私と父の間に身を挺して守ってくれた。そのときは私も声をあげて泣いた。確かに答えは間違っていたが、母の愛情が体に入ってきたのである。それが嬉しかった。

私の中学卒業後の進路選択は最悪だった。

当時のその地方での高校進学率は、一〇パーセント前後だったと覚えている。就職する者と進学する者とが別の教室で学ぶこともめずらしいことではなく、当然私は進学するものと考え、進学組の教室へ出席していた。

進路確定の秋、父と母がそろって私を座らせ、特に母から進学をあきらめて働いてくれと泣きながら申し渡された。そのことを当時の学級担任に伝えると、担任は、「話が違うねぇ」と顔を曇らせていった。担任の先生は、母から体の弱い子だから学問で生きていくことだろうと、聞いていたからである。

それから数日、担任とほかの先生方が、私の家に来られ、進学の可能性について協議を重ねたのである。母は、歩いて数時間かかる峠を越えて、広く農業を営む姉の家に行き、私がそこで働いて得る費用と、学校にかかる費用とを合わせて借用におよんだのであった。

前述のように、私の下にそれぞれ二歳違いで弟妹がいた。

父は、先の大戦の勝利を当てにしていたが、当てが外れてがっかりして、部落の世話役のような仕事を放り出し、北海道に渡り、木こりのようなことをしていた。したがって、ただでさえ飢餓状態だった家の経済は、ほとんど破たんしていた。

そんな状態で、やっと手にした高校進学もやめなければならなくなり、農業の手伝いをして日銭を稼ぎ、家の経済の足しにしながら定時制に転学した。

そして、約一年、私は意を決して東京に出て定時制に学び、大学を目指すことを母に告げた。思いがけず、母は意志的にそれを勧めてくれた。

小さな本箱と少しの衣類などをまとめて持ち、母と二人で、幼いころ疎開してきた遠縁の家に頼み、居を定めて私の苦学期が始まったのである。こんな私の少年時代が、今の私を形成してくれたのだろうと思うことしきりの昨今である。

今はもう六人のきょうだいのうち残っているのが、私を含めて二人になった。

III　施設を出た子どもたち

旅立ち——急がないで

毎年のことなのだが、年度の終わりは中高生の進路が具体化し、これまでの取り組みの総括を迫られる。ある年の春には三名の高校進学を果たし、光の子どもの家始まって以来の二名の大学、一名の専門学校への進学が実現した。

高校へは一〇〇%進学を実現してきてはいるが、中には願いが届かず、想像を超えるマイナスの方向に流れて行ってしまう子どももいる。

乳児期、特に三歳までの生活のなかで、激しい不安や残酷な経験等をしてきた子どもたちの心の深傷、あるいは親からの遺伝的な負因などが思春期に吹き出すように一気に表現され、自らの生涯の大事な出発を大きなマイナスに落とし込んでしまう例が少なくないのである。

たとえば、麻薬依存症の親から生まれた帆足鷹文《ほあしたかふみ》は、中学三年夏の異常行動に始まり、高校二年生時に発症した行為障害。同じように、覚せい剤を使用していた親から生まれた高山嬉の、高校二年生春の激しい暴力的表現に始まった人格障害の発症。菅野圭樹博士のご尽力により、大学進学も決めて少しずつ克服しつつある御津義慈《おんつよしじ》の、高校一年夏の精神障害の発症。

幼いころから時おり見られたが、中学二年生ごろから人間関係の不調が一層ひどくなり、より良い進路を選択できるよう、臨床心理士、児童精神科医、中学教師たちの協力を求めながら数回の話し合いをもって対応してきたが、家出放浪をくり返し、とうとう暴走族と関わり合って事件を引き起こし、逃走を続け、少年鑑別所から家庭引き取りになった矢代珠美などがいる。

心の病の発症が、何によってもたらされるのかについて、いまだ定説はない。しかし、耐えられない衝撃を加えられると頑強な筋肉や骨格でも損傷を受けて病に陥るのだ。だから、心にも同じような衝撃が加われば損傷を受けて発病するだろう、という後天的な障害・疾病ととらえるものと、遺伝的な負因によるものとに大別される。そして、それらは相互に干渉し合って、どれがどのように障害や疾病をもたらした原因なのかについては、判然としないのである。

だから、特に生活を共につくる担当者にとって、思春期のマイナス行動には心煩い、痛むのである。担当者としてはもちろん、責任を負うべき児童養護施設の職員たちにとって思い当たることの数は、関わった時期に比例するのである。その悔恨の累積がここでの経験の嵩である。

＊

もう二十年近く前のことである。一月の終わり、十九歳を過ぎて二十歳を目の前にした高山嬉の自立を新たな施設で目指す「出発の会」が行われた。

四歳の終わりまで乳児院で育ち、光の子どもの家にやって来た嬉は、かわいい幼児・小学期をここで過ごした。小学五年生ごろから運動面での才能を発揮し始め、町の剣道クラブでは月例の大会で毎月のように優勝し、中学時代は中距離走で県大会出場の常連だった。

家族関係を掘り起こし、母親と離婚した継父との暮らしを楽しめるようにはかり、何とか効果を上げ始めていた。しかし、彼が中学一年の時に継父が、高校一年の春に母がそれぞれ他界し、まさに天涯孤独になってしまったのである。

そんな彼が高校の体育科に入って、将来は箱根駅伝を走りたいと希望に燃えていた。そして、高校二年生の夏の発症である。それから二年間のほとんどを入院闘病している間に、児童福祉法が合わない年齢になってしまったのだ。

「出発の会」には、元職員、東大宮教会の教会学校の教師たちや、乳児院で担当した保育士の方など、嬉に関わる多くの人々が集まってにぎやかに、そして心豊かに行われた。

そんな光景の中で、彼との関わりの十数年間が次々に思い浮かび、私は彼の何に役立ったのだろうか、彼のここでの生活はいったいどんな意味があったのだろうか……と心がふさがれたのである。

そして、幼いころには、あれもできるように、これも克服するように、回り道をするほどの余裕など、この子どもたちにはないのだから……と職員たちや子どもたちを急かし続けてきたこれまでの関わりが、恨めしく思えて仕方がなかったのである。

二〇〇〇年三月十三日。十五回目の年度末。

一番最初に光の子どもの家にやって来た子どもたちが、高校を終えて出発《たびだ》っていった。

たくさんの関わった人々を集めた「出発の会」で、「寂しくなります、もうここへ来る理由がなくなって……」と、涙ぐむ彼ら三名の家族から大きな花束をいただいた。

こみ上げるなかで、ごめんね、そんなに急かせて……。もっとゆっくり、ゆっくり暮らし、育てればよかったのに……と、心から思ったのであった。

世代間伝達論の功罪

虐待において、よく知られている言葉がある。

「虐待されてしまった子どもは、やがて大人になり、親になると虐待する親になる。」

ここ十年ほど、私は五つの大学で養護原理とか養護内容とか社会福祉技術論などを講じてきて、授業の中で、この言葉を知っているかどうかを学生たちに質問している。日本の大学で、この言葉を聞いたことがないという人はひとりもいなかった。

一方、アメリカのインディアナ大学とケンタッキー大学で、児童福祉に関する会合を二年おきにもっているのだが、そこで学生向けに話をした際に同じ質問をすると、知っている人が非常に少ないのだ。

この「世代間伝達論」はアメリカの学者が立てた学説にもかかわらず、アメリカでは、ほとんど知られていないのだ。

「世代間伝達論」をうちたてた学者は、虐待をしてしまった親にインタビューをした結果、六〇％の人が自分が幼い時に虐待を受けていたと答えたという。虐待をしてしまった人は、当然、何かのせいにしたい。だから、「私も親から虐待を受けていた」と言うことで、罪が軽くなるような気分になるのでは、と私は思っている。

虐待をしている親たちが、「自分も虐待を受けていた」と答えるのは、一番少なくても四〇％で、平均すると五〇％になり、半分ということになる。つまり、この数字がそのまま正確なものだとしたら、幼少期に虐待を受けた人がやがて大人になって親になり、自分の子どもを虐待するようになるのは半分の確率ということだ。だから、半分は虐待していたと言えるし、半分は虐待していないとも言えるのだ。

それを、日本ではテレビのニュースキャスターまでもが、「虐待を受けた人は、やがて大人になると虐待する親になる」という言い方をする。それが日本の現実なのだ。

誰がこの話を聞いて、元気になるだろうか。

これは、出口のない負の永久連鎖なのだ。虐待を受けてしまったら、虐待する親になる。このようなことは、誰も元気が出る話ではない。

光の子どもの家には、すでに家を出た三十歳前後のステキな女の子たちが数名いる。その中で、アメリカの大学に留学し、今、音楽業界で働いている女性がいる。彼女は数年前には恋をして、結婚するのだと言っていた。しかし、つい最近、結婚するのはやめたと言ってきた。

「私、怖い。虐待する親になるのが怖い」と。

これまで二人の女の子が結婚を断念している。残念で仕方がない。虐待を受けてきたから、一生懸命がんばって虐待する親になろう、などという親はいないはずなのに。

＊

私はこのような子どもたちとずっと付き合ってきた。子どもたちの不幸で飯を食って、五十一年目が終わろうとしている。

二歳以上の子どもたちは児童養護施設に、二歳以下だと乳児院に措置される。子どもが安心して寄りかかっていいはずの親から、生命身体の危険にさらされる状況を想像してみてもらいたい。これは、ほんとうに悲惨な状況である。誰を信用すればいいのかわからない。だから、児童養護施設にやって来る子どもたちは、基本的に大人を信用していない。

「どんなあなたでも大好きだよ。ずっといっしょにいようね。」

これは、私たちが子どもに伝えるメッセージのすべてである。「おまえさんに出会えてよかった。」そういうように、入所の時からずっと関わり続けるのだ。

産んでくれた親から、死ぬような思いをさせられた子どもたちが、光の子どもの家から出発《たびだ》っていくとき、「生まれてきてよかった」と思えるような関わりへと質をあげていかなければならない。その関わりの中で、自尊の心が育っていく。それが自己受容だ。

この「生まれてきてよかった」という自己受容の実感こそが、世代間伝達論の突破口となる。そして、その次の段階として、二十歳前後の子どもたちに、「生まれてきてよかったと言ったよね。だったら、お父さんとお母さんに、ありがとうって言えるかな」という質問を投げかける。この質問には、ほとんどの子どもたちがすぐには答えることができない。

それは、真実告知をしているため、忌まわしい過去を思い出すことになるからだ。しかし、そのときには答えられなくても、しばらくしてメールで「あのとき、親にありがとうって言えるか聞かれて答えられなかったけど、一生に一度くらい、お母さんありがとう、お父さんありがとうって言ってみたい」と、返事が返ってくる。

これが〝家族の受容〟で第二段階となる。そして、社会的自立への階段をのぼっていくのだと私は思っている。家族の受容ができると、子どもたちはほんとうに前を向き始めるからだ。

今、利用している子どもたちも含めて、これまでに約三百人の子どもたちが光の子どもの家を利用してきた。三分の一がいま、光の子どもの家におり、三分の一が家族のもとに引き取られている。そして、三分の一は自立して社会生活を、こぼれ落ちそうになりながらもしがみついて、送っている。

＊

毎年十二月二十五日のクリスマス会には、たくさんの子どもたちが帰ってくる。そして、生意気に私とビールを飲んだりする。そのときに、二十代後半から四十代くらいの子どもたちと、小さいころの昔話に花を咲かせる。

正月も同じである。正月から子どもたちに寂しい思いをさせてはいけないということで、元日も全員出勤にしている。だから、卒園生たちもたくさん帰ってくる。

そのようなときに、「おまえたちが家族から受けたあの忌まわしい出来事も、おまえたちの生涯にとってはあるべくしてあった、と受け入れることができるか」という話をする。一瞬、場が静かになる。

私は小学校一年生で敗戦を迎えた。だから、その後の飢餓の時代を生き延びた世代である。クラス会などで集まると、いい歳のおじさんたちが目を潤ませて、「自分たちがここまで生きてこられたのも、戦後の飢餓の時代を生き抜いてきたという自信があるからだ」という話をする。

子どもたちにも、自分が今あるのは、光の子どもの家に来られたからだという話をする。受けた虐待さえも自分が生きて経験した大きな出来事であった、それがなければここには来れなかった、と。

決して虐待を奨励しているのではない。ただ、虐待を相対化するということは、そういうことなのだと思っている。自分のこととして相対化していく。あれはないほうがいいけれど、あれがなかったら今の自分はここにいない、というような感覚を持つこと。そこに立ったとき、「世代間伝達論」を乗り越えるための地平に立つことができたと、私は考えている。

そこに立つまで、子どもたちが二歳で光の子どもの家にやって来てから、だいたい二十七、八年かかるのである。

それから

私たちはしばしば、児童養護施設など施設を利用している子どもを「施設の子」と言うことがある。これは、「日本の子」や「雀の子」などというときのように、その属性や種類についての基準や単位、イメージなど、彼我の間にズレなどがない場合だけに有効な表現であろう。

しかし、「施設の子」という場合、何らかのイメージがついて回るだろう。そのイメージは決して晴れがましいものではないと思われる。

児童養護施設は赤ん坊を産まない。言葉の正しい意味で、「施設の子」はいない。

この場所にやって来る子どもたちは、一般の家庭でいろいろな事情があるだろうが、少なすぎる例外を除いて虐待によるものである。「虐待」という言葉が、こんなに普遍化している世界はほかにないだろうと思われる。少なくとも光の子どもの家開設時以前にはなかった。

私にしてみれば、子どもたちの不幸を飯の種として半世紀を超えている。飯の種にされている子どもたちの不幸を具体的に考えてみる。それには、最も極端と思われる不幸な子どもの状況を見ることが肝要であろう。

＊

今から三十数年前のことである。

私の児童養護施設との出会いであった施設長から電話で、「守さんが亡くなった。できれば葬りの式に出てほしい」と請われた。

私がその施設をさまざまな理由で辞したときに、あまり目立たない子どもであった守は、中学を卒業後、農家の手伝いで埼玉県北部に住み込み就職していたという。

私が覚えている守は小学低学年だったが、決して学力などは高くはなく、今だったら特別支援教育の対象になっただろうと思われる子だった。

農家の手伝いといってもいろいろあるが、その施設の大人たちは農業という仕事について、無知か軽く見すぎていた感があったようにも思う。具体的に、起床や就寝、働きなども施設で見聞きしている暮らしとは相当に違うもので、かなりの重労働を含んだ感性や段取りなど多くの才能が要求されるものである。そんな働きや暮らしの違いに面食らっていただろう十五歳前後の子どもには、その後も丁寧な関わりが必要だっただろう。

彼は、その農家で使う農薬をあおって自死したのだった。施設を出てから一年、まだ十六歳だった。施設のある町に帰りたいと願っていた守の亡骸を、牧師であった施設長は知り合いの教会に頼み込んで引き取り、北埼玉の教会で簡単な葬式をして、お骨のご帰還となったのであった。守には縁もゆかりもない土地での葬式であった。私は今でも、守が帰りたいと願っていた施設のある町で、仲間とともに見送ってやりたかったと思っている。

もう一人、その施設長が亡くなって後継となった施設長からていねいな連絡があり、晃が亡くなったと聞いた。結婚をして子どもも複数もうけたが、餓死をしたという。

この晃が中学三年生のときに、私は晃がいた神奈川の施設から埼玉の施設に移った。

彼が何を思っていたのか定かではないが、私がどうしてその施設からいなくなったのか不審に思い続けていたようだった。

光の子どもの家は、十一月三日に支援者などをお招きし、ご支援に感謝を表す感謝の集いを創立時から行っている。その神奈川の施設でも、同じ日にオープンキャンパスのようなことを催すようになっていた。日程が重なっていたため、なかなか参加することが難しかった。

しかし晃の強い要望で、ある年の神奈川の施設での行事が十一月四日に変更されたのだった。その施設の行事の日程を変えるように、晃が働きかけてくれたのだろうと思う。おかげで、私はその施設で行われる、懐かしい顔たちが行き交う行事に初めて参加することができた。

それから数年後の餓死事件であった。しかも、結婚して家族もいたはずの晃が、なぜ餓死したのか、私にはわからない。私にとってその施設は、初めて児童養護施設を経験した聖地でもある。そこを去ってから十年前後推移していたので、晃の暮らしや思いなど知るよしもなかった。

くり返すが私は、子どもたちの不幸を飯の種にして半世紀を生きてきたのである。

今思えば申し訳なかったのだが、飯の種にされた子どもたちの状況は自らが生まれたことを受けとめるには、いささか過酷すぎていたようである。

性同一障害だったと思える男子が、中卒で社会に出て暮らし、男娼になり、三十代前半にフィリピンで銃で殺された。その子にとって、人生の半分を過ごした施設は、「なにもの」であったのだろうか。幼少期は女の子のような遊びをしていて、軟弱者と叱りつけられ、親しく話を聞いてもらう機会に乏しかっただろう。昨今は、貧しいながらも、ＬＧＢＴの社会的認知が進みだしてはいるが、当時は、精神科の治療を勧められる病と認識されていたのだったから。

二番目の施設で出会った男の子は、その後大工となり、三十代前半に初めて棟梁になり、建ちかけていた家の梁に紐をかけて自死した。

なんとも重い話である。自死が三十代に集中している。子どもたちが施設を出て十年あまりすると、生きているのが苦しくなったり、死にたくなったりするようである。そして、自分が社会的にどこまで行けるのか、その目途がつくのもこの三十代である。結局、自らの行く末に絶望し、自死するケースが後を絶たないのだ。

施設を出た後の子どもたちを取り巻く環境は、ふつうに生きている同年代の人々以上に、これほどまでに厳しく、苦しいものであることをあらためて思い知った。

生まれたことを肯定し、喜び合えるようになりたいと願って立ち上げた児童養護施設だが、私の飯の種にしてきた子どもたちの不幸という現実は、こんなに重いものであったのである。

＊

光の子どもの家で関わった子どもたちは約三百人に上るが、大半は人並みの生活を紡いでいる。ある者は家庭を持ち、子どもたちと暮らしを楽しみ、ある者は社会で十分役に立ち、また、結婚して出産を控えている者、結婚への道をいそしむ者などさまざまである。

児童養護施設光の子どもの家には、これまで六名の卒園生が職員となって役に立ってくれている。彼らのはたらきはユニークである。何やら実家に戻ってきて、家のはたらきを手伝っているようなふうなのである。労働者然としたものではなく、かなり自由なのである。

ただ困るのは、ここにやって来るまで充足しなかった甘えを、かなり表現することである。特に、後から来た自分の後輩である幼少の子たちに弟妹のように接して、関わりにけじめをなくしてしまうことである。そんなときは、結局のところ私がその尻拭いをすることになる。それをする者がいなくなったら卒園した者を職員として雇い入れることは困難になり、今後の大きな課題となる。

それにしても、彼らのここまでの道のりは決して平坦なものではなかったが、卒園して終わる関わりではないことを深く感じている。そのような関わりができるのも、深い理解のもとではたらき続けている人たちの力もあってのことではあるのだが。

実の親に育てられてこなかったことの重大性は、彼らが成人した後もしっかり確認させられる。親になる者は、その生まれてくる子どもの誕生をみんなでお祝いしたり、生んだ後、子どもを見せに来たりしてくれる。私たちはともに暮らした「家族」だからだ。

頼るべき「家庭」がなく、この社会でひとりで生きていくことには想像を絶する大変さがある。だからこそ、私たちは何かあった時に帰って来られる「実家」にならなければいけない。そのために、施設を出たあとでも定期的に連絡をとり続ける。ひとりで命を絶つようなことが起こってほしくない、その思いで。

子どもたちの痛みを我が物となし、共に担うことで、生まれて出会えたことを喜び合うという、児童養護施設の理念をもう一度確認して、これからの関わりに資したい。

私と「光の子どもの家」

光の子どもの家卒園生、現・職員　奥寺美鈴

私が今こうして生きて文章を書いていることが自分でも信じ難く、昔あれだけ憎み、潰してやりたいと思った「光の子どもの家」だが、今は断言できる。

私はここがなければ、今生きてはいない。

＊

私は生後八か月のころに保護され、乳児院に行ったそうだ。その後、二歳のころに光の子どもの家に措置となった。記憶はほとんど残っていないが、とにかく最初の担当さんには溺愛されていた。夜泣きもひどく、抱っこをせがんでいたこと、休みや用事で自分を置いていこうものなら鼻血を出すまで床や壁に顔面を打ちつけ、とにかく

激しく自分の思いをぶつけていたことは覚えている。

　時系列は曖昧だが、私は男子四名と共にひとつのグループになった。二つ上の実兄がいて、ほかに三歳上、四歳上、六歳上の男の子だったため、ほんとうにかわいがられた。特別、私たち兄妹は担当さんのご両親にも孫のようにかわいがってもらい、夏休みやお正月などの長期休みには担当さんの実家に泊まりに行かせてもらったり、クリスマスや誕生日にはプレゼントをいただいたり、ましてや私の習い事のピアノの月謝まで出してくれたりと、ほんとうに親密に関わってくれた。

　担当さんが自分の給料から月謝を払い、子どもにやりたいことを習わせてあげていたことは後々知った。あたり前のように受けていた愛情も何もかも、すべてはあたり前ではなかったのだと、大人になり、あらためて思う。

　当時は職員の人数も少なく、ほんとうに大変だったと思う。職員だけでなく、私といっしょのグループだった男の子たちも大変だっただろう。私は甘やかされ、女王様だった。泣いて誰かのせいにすれば、その男の子が怒られたし、何でも自分の思いどおりになった。というより、そうなるまで激しく泣きわめいたというべきだろう。

　若く、経験も少なく、優しい担当さんからしたら、かわいくても大変な子どもだっただろう。

幼稚園のころの記憶もほとんど残っていないが、朝食に牛乳が出て、私は牛乳が大嫌いで飲まずにいると、

「飲むまで座っていなさい」

と言われた。もう幼稚園に行く時間になり、ほかの子は全員一台の車で幼稚園に向かったのに、私は意地でも飲まず、担当さんと闘っていた。担当さんが洗濯に行った瞬間にシンクに流しに行ったり、窓から投げ捨てたりしたこともあった。かなり叱られたあと、担当さんが車で幼稚園まで送ってくれるという一連の流れをよく覚えている。

自分で言うのもなんだが、そこそこ賢く、運動もできた私はとにかくよく褒められた。今思い返しても、自分が特別扱いされていたと思う。職員の働きかけにより、実母も面会に来てくれたり、泊まってくれたりしたような記憶もある。

ただ、私の感情は複雑だった。担当さんには激しく感情をぶつけていたが、実母に対してはそうはいかなかった。怖かったのか、好かれたかったのか、ただ不安だったのか、はっきりとあの当時の感情を表すことは難しいが、それでも実母は来るたびに何かお土産を持ってきてくれて、うれしかったのかもしれない。

小学校時代

小学校に上がり、学校生活で変化が出てきたのは、たしか三、四年のころからと記憶している。成績は三段階評価でつねにオール三だった。勉強でも、運動でも努力したことがなく、やってみたらできたという感じだ。家でもあいかわらずの溺愛ぶりだったこともあり、自意識過剰だったのだろう。他人の気持ちを思いやることがあまりできない子どもだった。そのくせ、今この人が何を感じ、考えているのかなどを察することが得意だったので、学校ではしばしばいじめる側に立ってしまうことが多かった。

そんな私に担当さんはよく、マザー・テレサの話や戦争の話の絵本を読み聞かせしてくれた。幼心に戦争が今起こっているものだと認識し、夜になるたびに、

「ねえねえ、爆弾落ちてこない？　どこにも行かない？」

と、聞いていたのを覚えている。

しかし、〝この人は、夜、爆弾が落ちてきて家が火の海になって壁が倒れてきても、

私のことを見捨てずに守ってくれるから大丈夫だ〃という絶対の信頼があった。あれは母親に対して子どもがもつ自然な感情なのだろう。小学校で周りの子を見下してしまい、人間関係がなかなか上手くいかなくても、担当さんは、私がテストで百点を取ればすごく喜んでくれて、なわとび大会でも、マラソン大会でも一位を取ればものすごく喜んでくれた。私は褒められたくて、担当の保育士さんの笑顔が見たくてがんばれた。いや、まだそのころはそこそこやれば、一位や百点が取れたので、常に自信があった。同じグループの男の子たちはみな剣友会に入っており、進級したときや学校の大会、どんな小さなことでもメダルをもらったときなど、その担当さんはケーキで祝ってくれた。三年生のころだったか、はじめて私が骨折したときは、自分の休み返上で家にいてくれて、何から何までしてくれた。そこから短い間に二度骨折し、そのたびに、休みでも休まずに世話をしてくれた。

そのころの実母との関係だが、小学生になってからは、兄といっしょに母親の家に泊まりに行くようになった。はじめての時はうれしかったのだろうが、私が覚えているのは、私が担当さんのことをうれしそうに話し、

「女の人はタバコ吸っちゃいけないんだよ」

と言ってしまい、そこからすごく気まずくなったことだけだ。私の中には「お母さん」と「ママ」という二つの存在があった。

　私が小学四年生の夏休みに、兄が母親に引き取られた。そのときのたしかな感情はもう覚えていない。さびしかったのか、ここだけの話、担当さんをひとり占めできると少しうれしかったような気持ちさえあった気がする。

　しかし、子どもながらにいろんな感情を抱えていたのだろう。五百円玉くらいのハゲができたのは覚えている。そのあたりから、私はすべり台をすべるように、落ちるところまで落ちて行くことになった。

＊

　兄が引き取られてから少し経ち、次は担当さんが結婚することになった。相手は以前、光の子どもの家で指導員として働いていた人だったし、結婚というものを理解していなかったので、辞めるわけではないし、いなくならないから不安にならずに受け入れられた。施設の近場にアパートを借り、夫婦でそこに住んでくれて、私は何度も連れて行ってもらった。園内で人間関係でもめたときに、自転車でそのアパートまで行ったことも何度かあった。

私はその担当さんに依存しっぱなしで、学校での問題も、園での人間関係も、自分の問題も見つめることなく、その担当さんさえいればよかった。そして、彼女が自分とずっといっしょにいてくれることを信じて疑わなかった。

担当さんから辞めると言われたときのことは、はっきりと覚えている。何か理由をつけて車で外に行き、車の中で聞いた。ちゃんとした理由はもっと大きくなってから知ることになるが、みんなの前で発表される前に自分の口から私に言いたかった、とのことだった。いろんな話をされて私は納得した。その担当さんは私に対して、〝担当している子どもの一人〟というふうに扱わなかった。それがよかったのか、そうではなかったのか、今の私には何とも言えないが、愛されて育ったという経験は私の人格をつくり上げるうえで欠かせないものとなった。

そんなタイミングで、小学校で私にとってショッキングなことがあった。何でもできて男の子たちとも仲良くしていた私だが、多少他人を見下していじめてしまうところを、ほかの女の子がこころよく思っていなかったのだろう。

「担当さんは、仕事で仕方なく美鈴ちゃんの面倒を見ているんだよ」

と言われた。プライドが高く自信過剰な私の心を砕くには、十分すぎる言葉だった。

いろんなことが重なり、不安定になり、担当さんが変わったころから、目に見えておかしくなっていった。髪の毛は伸ばし、眉毛を抜き出し、服装も小学生がはかないような足首まであるロングスカートをはき、学校にも行ったり、行かなかったりになり出した。素行不良の中学生によく声をかけられ、職員からしたら危なっかしくて扱いに困る子どもだっただろう。髪の毛も脱色し、中学校の入学式前にさすがに短く切って黒くしろ、と言われた。

兄が小六の夏休みに実母に引き取られ、私もそのころくらいにという話があり、自分がこれからどうなるのかわからないままだった。職員も確実なことがわからない状態だったのだろう。ちゃんとした話もされることなく、私は中学校に上がった。

中学生時代

時を同じくして、私は新しいグループの人たちと本園ではなく、一軒家（グループホーム）で生活をすることとなった。正直、うれしかった。うるさい大人の目がないし、ほかの子どもは高校生の男の子が二人、幼児の女子が二人だったのだから、私はやりたい放題だった。

隠れてタバコを吸い、夜中に抜け出すこともあった。学校ではバレーボール部に入り、一年生でスタメンに入るなど、楽しくもあったので、部活動に対しては真面目だった。あいかわらず外見は目立っていたので、クラス担任や部活の顧問から何度も注意を受けたが、部活動に対する態度とは裏腹に、外見も学校生活も改まることはなかった。

家でも担当さんをなめくさり、不安定な状態は続いていた。以前の担当さんと連絡を取りたがったが、新しい環境に慣れて落ち着くまでは連絡を取るのを遠慮してもらうという、私のことを思っての措置も、〝私のことが嫌いで、嫌がることを好んで大人たちはしているんだ、みんな私の敵なんだ〟と決めつけた。あのころの私には、すべてが敵だった。全部周りが悪いと思っていた。自分の行動や態度が招いたことなのに、悲劇のヒロインになっていた。

問題行動がさらに目立つようになり、私はグループホームから本園に戻された。担当さんも、気がついたらいなくなっていた。私が潰してしまったのだ。幼児も同じグループにいたというのに、その子たちが母親のように頼っていた人を私は潰してしまった。今思えば、相当酷なことをしたと思うが、当時の私はそんなことなど何とも思わず、自分のことだけだった。こうして書くことができないことも多々ある。

本園に移動になり、担当さんが変わった。問題ばかりの私を受け持つのは、正直嫌だっただろう。小さいころに少しでも関わりがあったのならともかく、そうではなく、荒《すさ》みきった状態から受け持つのだから。今思えば、私のためにいろんなことを無条件で受け入れ、許してくれた。最初の担当さんの家に、誰にも言わずに二時間以上かけて電車で行ってしまったこともある。万引きも、学校で問題を起こしたときも、いつも新しい担当さんが頭を下げてくれた。

そして、中三の部活動を引退した後、私は光の子どもの家から脱走した。中学校のジャージを着て学校に行くふりをし、自転車で出て行ってしまったのだ。何か特別嫌なことがあったのか思い出せないが、ひとつだけ思い出したことがある。

私には当時、中一から付き合っていた男子がいた。真面目で、ほんとうに普通の子だった。私はその子に会いたくて学校に行ったし、その子のおかげで不安定ながらも何とかなっていたが、彼は、学校の先生から「奥寺はやめておけ。おまえの将来のためにな」と言われたり、不良の先輩にからまれたりと、純粋に好きという気持ちだけでは私といられなくなったのだろう。

「おまえ、真面目になれないんだろう？　もうおれは無理だから」

と、私は振られたのだ。

口では、中学卒業したら母親のところに行くと言っていたが、それは単に万引きやタバコ、そのほかの問題行動で担当さんと向き合うことができずに、それをどうにかしようと思わずに逃げたかっただけなのだ。

脱走

振られたことで私の行動を止めるものが何もなくなり、完全に自暴自棄になった。脱走してからは、もう落ちて行くしかなかった。逃げながら生活をしていて、安全など何一つなかった。私は自分の身を守るためだけに、以前何度か揉めたことのある同学年の男子をターゲットにし、呼び出し、集団リンチ事件を起こした。

後々知ったことだが、担当さんは何か月もの間、毎日その子の親に頭を下げに行ってくれたらしい。私は、大人は大人の都合のいいように子どもを動かすだけだ、私のことはいなくなってほしいのだ、と本気で思っていた。しかし、担当さんは探り探り、私にとって何が一番良いことなのかを少し距離をとり、考えていただけなのに、私はすべてを拒絶されていると思い込んでいた。その事件で、私は鑑別所に入った。

鑑別所での検査で、妊娠も発覚した。正直、誰の子かなんてわからなかった。自分から脱走した手前、謝って帰るなんて選択は当時の私にはなく、泊まらせてくれた男性と関係をもつことがたびたびあった。子どもをおろすことと最初の担当さんが身元引受人となってくれることが条件で、私は保護観察の処分となり、その担当さん夫婦の自宅に行くこととなった。

しかし、うまくいくことはなかった。私には、問題と向き合い、どうしたらいいか、自分の素直な気持ちを伝えるということができずにいた。元担当さんは、

「一年遅れたけど、高校に行ってみたら？　美鈴を学校に行かせるくらいの蓄えはあるし、私はそのお金を美鈴に使ってもいいと思っているから」

と言われ、中絶手術の時には泣かれた。

しかし、元担当さんの私に対する愛情が深ければ深いほど、旦那さんの思いは複雑

だっただろう。結婚しても光の子どもの家を辞めずに、自分たちの子どもを持つこともできず、やっと住み込みの職場を辞め、自分たちの子どもを持てる環境と蓄えがあるのに、〝なぜ問題ばかりで一旦手を離れた子どものために……？〟と。

気まずい空気の中で生活をしながら、私の取った行動は、以前に関係をもった男に連絡を取り、逃げることだった。その男はヤクザの構成員になっていた。そして、私は十五歳で覚せい剤に手を出した。その日は、

「いいモノ持って行ってやるよ」

と言われ、身元引受人になってくれていた元担当さんの自宅近くまで来てもらい、薬を受け取った。薬を使ったとたんに、すべてがどうでもよくなった。罪悪感、プレッシャー、進路や今後のこと、何もかも苦しい悩み事が消えていった。私はすぐに家から逃げるという行動を起こした。男性に頼れば、また肉体関係をもたなければならなくなるとわかっていた私は、ある女性の家に転がり込んだ。以前にかくまってくれた組織の人間が、

「おまえに優しくする組織の人間は、近いうちにおまえが金になるからそうするだけだ。女は金になるし、性欲を満たす道具になるからな。自分で金を稼いで生きてい

け」

と言い、紹介してくれた女性だった。

歳をごまかし、水商売を始めた。だが一年と待たずに私は、覚せい剤所持の現行犯で逮捕されたのだ。お世話になっていた女性も組織との関係が深く、ある事件のガサ入れの対象に女性の家も入っていたのだ。留置されて、また鑑別所に入ったが、正直、あまり記憶に残っていない。覚せい剤の切れ目でしんどく、取り調べも何も覚えていないのだ。

家庭裁判所の審判で、実母が言った、

「この子は立ち直ることは無理だと思います」

との一言だけ覚えている。

私が暴れないように、鑑別所の先生は後ろから私を押さえつけていた。そして、十六歳で私は中等少年院送致となった。

覚せい剤を使って生活していたので、規則正しい生活はとても大変だったが、安心して寝られ、何もしなくても三食ご飯が食べられることはありがたかった。何よりも、強がって生きることに少しばかり疲れていた。私は根っからの不良ではないのだ。気が小さく臆病で、ほんとうは喧嘩も好きではない。真逆の性格を演じ、犯罪だろうが関係ないという人間の振りをしていただけなのだ。

しかし、反省はしなかった。すべてを正当化し、自分で生きていくためには仕方なかったと思っていた。未成年の身分でひとりで生きていけるほど、社会は甘くはない。とにかくお金を稼ぐしかないと思い、夜の世界で生きていくにしても、やっぱり歳をごまかしながらにしても限界があった。十八歳くらいで少年院を出ればいいやくらいにしか思っておらず、少年院の中でも問題を起こす始末だった。

今度ばかりは助けてくれる人もおらず、私は母に身元引受人になってもらえないかとお願いをした。働いて自分の生活費と家にいくらか入れるならいい、という返事をもらえたので、私は安堵した。とにかく〝施設〟という場所に拒絶反応があったからだ。何より自分のやりたいようにしたかった。難しいことも、面倒なこともすべてやらずに生きていたかった。将来どころか、少し先のことすら考えずにいた。若くて女ならどうにでもなる。私は自分がお金になるということをもう知ってしまっていた。

一年数か月を少年院で過ごし、十八歳になる少し前に仮退院し、実母の家に行くこととなり、少ししたころ、私はまだ覚せい剤に手を出していた。寝なくても平気で、食欲もわかずに悩み事もすべてどうでもよくなるその薬を、私は手放すことができなかった。〝本気でやめたきゃ、やめられる〟そう思っていた。

あるとき、シャワーから出たら、テーブルの上に薬と注射器が置いてあった。兄の部屋に荷物を置いていたのだが、兄が見つけたようだった。

実母から、「あんた、こんなのやってんの？　どうすんの？」と言われたが、私は「知り合いからもらっただけで、別にいらない」と嘘をついた。

兄が、「じゃあ、おれ捨ててくるわ」と家を出て行き、実母からは「迷惑だから、家でやらないでくれない？」と言われただけで、その件は終わった。

今思えば、実母からしても警察沙汰にするのは面倒だったのだろう。私自身からしてみれば保護観察の身分だったため、正直助かったと思った。それでも、実母の家にいるのも嫌になった。私は誰にも干渉されずに生活したかった。そのために家を出た。本来なら、身分的にはいけないことだが、実母は自分に迷惑がかからなければ何も言わなかった。

簡単に家を出て、ひとりで生活するために……というより、何も我慢せずにやりたいように生きていくために、私は風俗に身を落とした。

覚せい剤

横浜で、覚せい剤を使用しながらの生活になった。このときはまだ、その使用回数は毎日ではなかったし、自分自身が金になるとわかっていながらも、そのことに嫌悪感も覚えていた。しかし、光の子どもの家への反発と罪悪感、実母への憎しみをエネルギーに変え、自身のプライドのためにどうにか生きていた。

そんな中、また妊娠が発覚した。次は子宮外妊娠だった。早い段階で妊娠を疑っていたために、卵管が破裂する前に手術ができた。入院中も、手術のときも未成年だったが、実母はおろか、相手の男も病院に来なかった。まだ十八歳だったが、自分のいる世界がどんなものか、何となくわかった気がした。

しかし、そこで抜け出すことを考えるどころか、背中に刺青を入れた。真面目に普通に生きようとがんばることなど、当時の私はまったく考えられなかった。落ちて行くほうが楽だったし、怖い人の性的欲求を満たすための道具にされたくない一心で、刺青の痛みに耐えた。

そして、新宿に居場所を求めた。新宿での生活は、それはひどいものだった。毎日、薬を打ち、風俗店で働き、ギャンブル、ホスト、洋服、自分の欲を満たすために手あたり次第に依存していった。薬の量や使用回数は瞬く間に増えていった。

一度、ある人から渡された注射器をそのまま打ってしまったことがある。新しい注射器かの確認だけしかしなかったため、量を見ていなかった。打った瞬間、息ができなくなった。激しい吐き気に襲われ、何度も胃液を吐き、頭が割れるくらいの頭痛に襲われた。床をのたうちまわって少し呼吸ができるようになると、その人は一万円札を十数枚出してきて、「早く帰ったほうがいいな。タクシーを呼ぶから帰りな」と言ってきた。いっしょにいるときに死なれたら困ると思い、早く帰したかったのだろう。どうにか家に帰れたが、それから三日間頭痛はおさまらなかった。

そんな最悪な経験をしても、薬はやめられなかった。そのころ、彼氏といっしょに住むようになった。バーテンダーだった。私は自分のしていることを隠していたかった。本来、普通で穏やかな人が好きなのだが、新宿の風俗店で働き、荒《すさ》んだ生活をしている私には、あたり前だが、まともな男は寄ってこなかった。

それでも、ましな人といっしょに住み出して少したったころ、私は手首を切った。

正直、なぜ切ったのか覚えていないが、薬の切れ目に暴れるようになっていた。男といっしょに病院に行き、先生に見てもらうと、神経まで切っていた。縫合してもらい、ギブスをしてもらって家に帰った。男は私に優しかった。それは、私のお金が目当てだったからだ。家賃も生活費も私が出していた。あのころは、それでもよかった。薬のことは隠していたにせよ、何をしても優しくしてもらえて、私は愛されていると勘違いしていた。

ひとりになりたくなかった私は、抜糸を自分で行い、縫い痕をテーピングで隠し、一週間もたたないうちに仕事に戻った。薬もやめられないし、男にもいてほしいから、お金を稼いで養うことで男をつなぎとめることに必死だった。しかし、それもうまくいかなくなってきた。

薬にどんどんお金を使うようになってきたため、男からしたら解せないことが増えてきたのだろう。関係もうまくいかなくなり、電話で喧嘩になったある日、私はまた手首を切った。今度は切った瞬間、〝やってしまった〟と思った。天井や壁にも血が飛び散った。出血が止まらず、どうにもならなかった。助けを求めようにも、電話は、手首を切る前に壊してしまっていた。

薬で正常な思考ができなくなっていた私は寝ることにした。意識がなくなりかけたころ、男が帰って来て倒れている私を見つけ、救急車を呼んだ。手首の二本の腱まで切っていた。病院で警察も呼ばれた。もうろうとした意識の中で、自分で切ったことだけ伝えた。なぜか体内からは薬物反応が出ずに、数日入院しただけでまた元の生活に戻った。二十歳にして私は、もう覚せい剤がなければなにもできない状態になった。

それでも、どうにか生きていこうと薬の量を決めたりしたが、睡眠薬で眠り、起きては薬を打ち、行動する、という生活が何年も続いた。自分の身体を切り刻んでみたり、気がつくと頭から血を流して倒れていたりと、心も体もボロボロになっていった。けれども、薬はやめられなかったのだ。ほんとうに薬を打たないと、何もできなかった。もはや人間ではなくなった。いつしか薬のために働くようになっていった。いっしょに暮らしていた男からもお金を脅し取るようになった。

二十五歳のころ、何となく光の子どもの家に連絡をしてみたところ、一番初めに同じグループだったお兄ちゃんが電話に出た。光の子どもの家で働いていると聞き、それまでは罪悪感と疎外感で関わることができないと思っていたが、そのお兄ちゃんが私と光の子どもの家をつなぐ道となってくれた。

光の子どもの家へ

十年ぶりにバザーの手伝いをしに、光の子どもの家に顔を出したが、薬を使わないで行ったので、しんどくて仕方がなかった。それでも、普通にしていなければと、それだけだった。次の日にはまた東京に戻ったが、何かとお兄ちゃんは関わってくれていた。まともな方向にどうにか戻そうとしてくれたのだが、私は心も体もボロボロなのにもかかわらず、まだ稼ぐことができてしまっていた。そのため、それから三年間、連絡が取れないように携帯の番号を変え、薬に溺れる生活をした。

二十八歳になって、いっしょに暮らしていた男にとうとう家を追い出された。四年間近く、金を食いつぶし、薬代を脅し取っていたが、さすがに耐えられなくなったのだろう。そのころには、私も壊れていた。薬をやめたい……でも、打たなきゃ何もできない……もう死にたい……死にたい……。泣いて薬を打ち、仕事に行く。

家を追い出され、ホテルで寝泊まりし、頭に浮かんだのは、お兄ちゃんに相談してみることだった。

あれだけのことをして逃げた私のことを、職員は助けてくれるわけがないと思っていた。住む所さえどうにかなれば、今のまま風俗で働いてもいいいと思った。お兄ちゃんは、

「とりあえず一回、話をしに来い」

とだけ言い、私は約束の日に光の子どもの家に顔を出した。

理事長と施設長と、私がいたころから働いている指導員とお兄ちゃんとで話をした。ほんとうは関わりたくないと思われているのだろうと思っていた私だったが、理事長が言った言葉は、想像していたものとまったく違い、思いがけないものだった。

「本気で立ち直るつもりなら、助けてやりたいと思う。」

その一言で、私の覚悟は決まった。覚せい剤のことは隠し、ここに戻って来て立ち直ると決めた。

そのまま、その日のうちにお兄ちゃんが東京まで車を出してくれて、荷物を取りに行った。薬も注射器も、使っていた携帯も捨てて、生まれてはじめて良い意味での〝逃げる〟を実行したのだ。拒絶されるだろうと思い、考えることすらしなかったが、ずっとそうなることを心のどこかで願っていたのかもしれない。

それからは施設長の宿舎に置いてもらい、宿舎の掃除や手伝いをすることで、施設長は自身の給料から必要なものを買うお金やお小遣いをくれた。

私が入所中、一番最後に担当してくれた保育士は、辞めることなく残っていた。ほんとうに迷惑しかかけていない。悪いことをやった責任を、私はすべてその担当さんに背負わせ逃げたのだから。顔を見るのも嫌だっただろう。しかし、一言、

「ちゃんと生活を立て直そうね」

と言ってくれたのだ。私がどれだけ自分勝手だったのか思い知った。

一か月が経ち、私の体から薬が抜けたころに、隠すことに罪悪感を覚え、私は施設長にすべてを話した。理事長とも話をし、そこから治療につながり、五年になる。

*

なぜ光の子どもの家に戻って来たのか――。私は朝起きてご飯を食べ、夜寝るという普通の生活を、光の子どもの家でしかやったことがない。自分で選んだ世界は、私を「奥寺美鈴」としては扱ってくれない厳しいところだった。私に人間として関わってくれたのは、光の子どもの家の大人たちだったとようやく気づいたのだ。

最後に一つだけ言わせてほしい。私は何とか光の子どもの家に助けてもらい、荒んだ生活や覚せい剤から抜け出すことができたが、覚せい剤を一度でも使った者の行き着く先は、刑務所か精神科病院か墓場のどれかだ。私は、薬をやめてからの二年は地獄だった。光の子どもの家との関わりがなければ、乗り越えられなかったし、ひとりでは絶対に無理だった。

私がこれから平和に生きていくためには、これからも光の子どもの家はなくてはならない存在なのだ。

おわりに 「居続ける」ということ

光の子どもの家・保育士　倉澤智子

「何もしなくていい。何もできなくていい。とにかく居続けることなんだ。」

菅原にそう言われ続けてきた。菅原のその言葉だけで開設当初から現在まで続けられたわけではないが、居続けることのできた理由のひとつになっていることは確かだろう。しかし、何もしなくていい、何もできなくていいというのは大嘘だった。さすがに本当に何もしなくていいとは思っていなかったが、まだ経験の浅い私にとってはかなりハードな働きだった。

開設当初、さまざまな事情から入所してきた子どもたちは幼児ばかりだった。抱っこのできる年齢の子どもたちだったので、関係を作るのは比較的楽であったが、基本的生活習慣が身についていない子どもたちばかりであったので、何をするにも大人の手が必要であり、目が離せなかった。つまり、拘束される時間は一日二十四時間。それが数日間続いたのである。

そんな日常だったため、会議はいつも子どもたちが眠った後から始まり、深夜まで続いた。私はこの会議が大嫌いだった。何か生産的な意見を言わなくてはいけないというプレッシャーと睡魔と闘いながらの会議だったからである。また、ただでさえ多忙な日常の中、同じ家で一緒に仕事をしていた職員が、なぜか次から次へと退職したり、入院したりという状況になり、私自身も休みがとれず、心身共にぎりぎりの状態になったこともあった。

そんな大変な状況の中での子どもたちとの生活であったからなのか、あのころには、現在は感じない「ドラマ」があったように思える。現在であれば、施設内虐待です、で片付けられてしまうような子どもとのぶつかり合いや、担当の子どもに殴られて身体中が痣だらけになったこと、担当の兄妹の母親と数年間一緒に生活したこと、職員会議での激しいやり取り、私たちの手にあまるようなさまざまな事件が日常茶飯事だった。

しかし、それらのことも、子どもたちや仲間との信頼関係を築き、ゼロ、いやマイナスからスタートした「光の子どもの家」を創り上げていくためには必然的なことだったのだろう、と今なら客観的にとらえることができる。

年齢を重ね、たいていのことでは驚かなくなったのか、感性が少々麻痺してしまい鈍感になっているのか、子どもたちの入所理由の変化や、地域の協力など周囲の状況の変化、職員の経験年数の違いなのか、この数年はあのころに比べ、子どもたちの生活は落ち着いているように思う。「光の子どもの家」が児童養護施設としての形を成してきた、ということなのかもしれない。

現在、こうして何とか落ち着いた生活が送れている一番の理由は、若い職員たちがしっかりこの地に根を張り、十年、十五年……と居続けてくれていることだと思っている。つまり、やはり「居続ける」ということはこの仕事の最低条件であり、最大の条件でもあるということなのだろう。少々癪ではあるが、菅原が言い続けていたことは、間違いではなかったようである。

昔はこうだった、私たちはこうしてきたのに……と思うことは、正直たくさんある。しかし、それを押し付ける気はない。子どもたちの変化、時代の変化に合わせ、私たちの働きも変化させていかなければならないのだからだ。ただひとつ、「子どものための子どもの施設」であり続けることさえブレなければ、それでいいと思っている。

昨年、還暦を迎えた私は、この仕事のゴールが見えてきたことをうれしく思っている。「定年」というゴールである。くり返し何人もの子どもたちを育て上げる中で、達成感を得ることができないのが、この仕事の欠点だと私は思っている。定年というゴールのテープを切ったときには、「やった！」という達成感が味わえるのではないだろうか。

そのときの自分へのご褒美は、光の子どもの家にいたからこそ出会えた娘（二十二歳）との二人旅と決めている。

あとがき

私の子ども期のライフステージには、戦争が背景にある。生まれた一九三九年は、第二次世界大戦の始まった年で、小学校入学は敗戦の年、小学卒業は朝鮮戦争が終わった年である。「何でもいいからお腹いっぱい食べてみたい」が、その時期の子どもたちの大半の願いだった。私もうまい飯が食えるという基準で、最初の職業を選んだ。都内の私大の教員が職歴の始まりなのだが、その後に生きる意味を探し始めたので、はたらきと生きる意味の転換にはそれほど困難ではなかったのである。

この後、言葉の正しい意味での価値観の大転換などは、学生たちと行った婦人保護施設での出来事などを本書にしたためてある。

施設に関わり、そのそのはたらきや在り方について考え始めると、たとえば、子どもの施設が子どものためよりも、そこにいる大人たちのために使われて、機能していくなど、なんとも腑に落ちないことが連綿と続いていくのだった。そんなこととの出会いや論議を続けていくことで、新しい施設の立ち上げと運営が私の生きるテーマに上ってきたのである。

三十代半ばに出会った飯田進、木下茂幸、大阪穣治・誠兄弟（すべて故人）などが、夜遅くまで熱く語り合いながら、「小舎制養育研究会」を立ち上げたのだった。資生堂福祉財団が後援してくださり、伊豆山の研修所を無料で貸していただき、半年に一度の大会を開催して形をなした。その研究会では、もし施設にいるあの子どもが自分の子どもだったらあんな施設に入れておくか、入れているからわれわれは飯にありつけるのではないか、あらゆる施設とはいわないがほとんどの施設は、不要になるべきだろう、なくなることを願って存続させていくという大矛盾から逃げてはいけない、などと集まった者たちの顔や姿など曖昧になったが、語られたことは今も鮮明だ。

そこで出会った太田一平、岩崎美枝子、安川実、伊達直利、影山和輝、上原康祐、町田姫などは、いまもかけがえのない友垣である。

そしていよいよ「子どものための子どもの施設」の立ち上げとその運営である。私の四十五歳の春に「光の子どもの家」は建ち上がり、理念に同意する若者たちが参集して、第一歩が始まり、以後三十五年を経てきている。幸いなことに、最初に集まった職員十二名のうち六名が三十年を過ぎて関わりを続け、今も四名がはたらきを支え続けている。

人が生きるということは、その時代のその社会で生きるということである。その時代や社会と無縁で生きるわけにはいかないのである。私は児童養護施設に関わり、半世紀以上が過ぎた。半世紀前の児童養護施設を利用した子どもたちと、現在の子どもたちとはかなり状況が違うし、同じ尺度や単位ではとらえられない。子どもの生きることに関わるとは、自らの生き方を整えて関わりを続けなければならないのだ。すなわち、自らの生き方や価値観が問われるということである。

子どもたちの生き方に関わりながら、自らの生き方や価値観を度外視するわけにはいかない。だから、その時々の時代のものの考え方や捉え方のどれを受け入れ、何を批判していくのかなど、明らかにしないわけにはいかないのである。だから、私はこう生きてきたという軌跡を子どもやその家族たちに明確にして、関わる者たちに明らかにしなければならない。

この書は、私の初著作のリメイク本である。リメイクされるにはその理由がある。初めてこの書を世に出したのは、光の子どもの家を立ち上げて約二十年ほどたったころである。それをもう一度見直し、訂正しながらリメイクして、再出版しようとしたのは、いのちのことば社の米本円香編集者から勧められたのが発端である。その後、親しくしている何人かに相談してみた。それぞれがもう一度読み直してくれて、ほとんどが出すように言ってくれた。何もないところから理念だけで始めた光の子どもの家のはたらきは、その時代にも珍しい純粋な理念系のはたらきだったといえる、などが総意といえた。

いつの時代でも、「働くこと」とその「はたらき」が重なるかそうでないかは、「はたらき」そのものと「生きること」がいつも内在する問いに向き合うことである。社会福祉施設で働くということは、半世紀前は奇篤な人といわれた。ほとんど暮らしていくことができないほど、はたらく条件が悪かったからである。それでも、その時代もその前の時代からも、いわゆる社会福祉の原型は形作られてきていたのである。

道ばたに捨てられて泣いていた子どもを抱き上げ、懐に入れ、自分の家に連れて行き、家族の一員として育んでいくはたらきは、いつの時代にもあった。江戸時代末には捨て子を拾ったとき、一丁四方に隠れて見ているかもしれない親に聞こえるように、「私は、○○を営む××と申します。今このお子さんを拾い、かわいがって丁寧に育てます。もし、事情がよくなって引き取れるようになったらいつでもおいでください。無条件でお返ししますので」などと言い回ったという。

とりわけ飢饉や戦争などがあると、犠牲になるのは最も弱い子どもや病人などである。そのような状況の中で、犠牲になりそうな存在を見過ごしにできず、なんとかしてきたのは、個人的なはたらきだった。制度・政策などがなかった時代からあった、そのような福祉の原型を底流にしながら、光の子どもの家のはたらきを設定し、構築してきたものである。その構築に力があった先人や書などはあまたある。とりわけ、埼玉の「愛の泉」という法人で、私が児童養護施設の施設長を任されていた頃、理事長をされていた阿部史郎先生に多くのことを学んだのであった。

そのような、多岐にわたるプロセスを明らかにしたものが本書である。

書中にしたためられなかった、いくつかを思いつくままに書き連ねて結語としたい。

このはたらきは、人との関わりがテーマである。人は間違う動物であり、その間違いから学ぶことが最重要なことと考えてきた。しかし、福祉の現場では間違いは許されない。なぜなら、その人のいのちに関わるはたらきだからだ。人間関係がテーマの、間違えてはならないはたらきである。人間関係を間違わないで構築できる者など神ならぬ人間にいるはずがない。だから私たちのはたらきが、詫びと償いに終始する理由である。

薬物依存の親たちへの関わりは細心の注意を払い、根気強く覚悟して関わらなければならない。とりわけ長く関わらなければならない。薬物依存は、そのときの社会や考え方によって決められるからである。ある時代では、治療の対象である疾病と見なされ、診療の対象であり、別の時代にはおとがめなしの嗜好品になる可能性があるからだ。だから、施設利用の対象者の家族としてというよりは、人としての対応を心がけなければならない。それは、これに限ったことではなく、すべての関係者に必要なことである。

子どもに関わるとき、心しなければならないことは、彼らの力関係についてである。子どもが親に惨殺されるという事件が絶えないのは、このことがおろそかにされていることが一因としてある。

とりわけ施設に入れられた子どもと、施設に入れて養ってあげているという思いにまみれている職員との間には、ほとんど絶望的なほどの超えがたい断絶がそびえ立っていることを常に意識していかなければならない。その断絶の因は、まさにこの力関係を度外視したやりとりが主なことであるから。

あまり明らかにされることは少ないが、日常に埋没する施設内虐待、あるいは子どもの親や家族とのトラブルなどは、おおよそこのことを意識さえしていれば防ぐことができるだろう。

私はこの春八十歳になった。自動車運転免許証を返納したり、光の子どもの家のはたらきを整理したりして、社会的はたらきからのフェードアウトを具体的に始めることにした。だから、この書が私の最後のものになるだろう。そんな思いを込めて、最初の頃の理念に導かれたはたらきに、遺言のように願いを込めてリニューアルを果たした。そこのところを、行間から読み取っていただければ幸いである。

二〇一九年十月

菅原哲男

＊本書は、『誰がこの子を受けとめるのか――光の子どもの家の記録』（二〇〇三年、言叢社）を改訂し、新たに加筆したものです。

※登場する子どものたちの名前は、すべて仮名です。

新・誰がこの子を受けとめるのか
——虐待された子らからのメッセージ

2019年11月15日　発行

著　者　菅原哲男
　　　　奥寺美鈴
印刷製本　日本ハイコム株式会社
発　行　いのちのことば社
〒164-0001 東京都中野区中野2-1-5
電話 03-5341-6923（編集）
03-5341-6920（営業）
FAX03-5341-6921
e-mail:support@wlpm.or.jp
http://www.wlpm.or.jp/

ISBN978-4-264-04070-5